名师名校名校长

凝聚名师共识
回应名师关怀
打造名师品牌
培育名师群体

予情予趣，育人无痕

——小学道德与法治教育的研究与应用

陈敏清 / 著

西安出版社

图书在版编目（CIP）数据

予情予趣，育人无痕：小学道德与法治教育的研究
与应用 / 陈敏清著. -- 西安：西安出版社，2024.11.
ISBN 978-7-5541-7930-7

Ⅰ. G623.102

中国国家版本馆CIP数据核字第2025JY2055号

予情予趣，育人无痕：小学道德与法治教育的研究与应用
YUQING YUQU YUREN WUHEN XIAOXUE DAODE YU FAZHI JIAOYU DE
YANJIU YU YINGYONG

出版发行：西安出版社

社　　址：西安市曲江新区雁南五路 1868 号影视演艺大厦 11 层

电　　话：（029）85264440

邮政编码：710061

印　　刷：北京政采印刷服务有限公司

开　　本：710mm×1000mm　1 / 16

印　　张：16.5

字　　数：305千字

版　　次：2024 年 11 月第 1 版

印　　次：2025 年 2 月第 1 次印刷

书　　号：ISBN 978-7-5541-7930-7

定　　价：58.00 元

获评广州市首届
"优秀思政教师"

作为广东省教研院走进粤东西北地区帮扶活动专家发言

在海珠区道德与法治学科教研活动中开展专题讲座

名师工作室挂牌揭幕

受广州市教研院邀请到漳平市开展送教活动

在广州市"百千万名师示范带学活动"中执教课例

序言

予情予趣，育人无痕——我的思政教育教学观

壹　我的教学风格解读

教学风格的形成标志着一个教师教学艺术的高度成熟。作为小学思政教师，我在不断思考着自己在不懈追求教学艺术的过程中，是否已经逐步形成自己的教学风格呢？戏谚有云："演戏不图一时乱拍手，只求他日忆起暗点头。"这对有志于在教学艺术上建构特色教学风格的教师来说，也是一句很好的座右铭。

教师的教学风格不可能一蹴而就、一步到位。从教二十余年，从当初有意采百家之长、融会贯通，到逐渐积累沉淀、返璞归真，慢慢有了个人的风格特色。我尝试概括自己的教学风格为：予情予趣，育人无痕。

"情"是指感情，"趣"是指趣味。讲课要有真情实感，要活泼有趣，方能育人无痕。教学有了情和趣，就能吸引学生产生一种"锲而不舍"的学习愿望，才能产生实效，而这种效果又会促使学习兴趣的巩固和发展。为此，教学就须在"情""趣"二字上下功夫。思政课堂要有真感情、有趣味，便能吸引学生用心听讲、思考，以及课后有所行动或改变。学生学有所得，才能对品德学习产生情感反应，在不知不觉中巩固德育效果。

贰 走上思政教学路的我

相信很多老师在读书时都是乖孩子，而我却不是。记得小时候的我是"孩子王"，总爱带领一群孩子上蹿下跳；上学后也老是惹班主任生气，当科代表却又因违反测验纪律被撤职。从小学到大学，我都是学校田径队、篮球队队员，就像有用不完的能量，总是一边闹一边练一边学……

我不是那种循规蹈矩的好孩子，却因为小聪明、成绩不错而受到老师偏爱。记得有一次要独自赶去参加市中学生田径运动会，在政治课堂测验中我便第一个交卷，早早离开了。到公布成绩时，班主任提高声调表扬我："看敏清用了半节课时间就交卷去比赛，还是全班第一名，大家要向她学习啊！"

高中时的团委老师朱琦是刚毕业到校的年轻人，年长我六岁而已。我在团委服务时，和她便成了好朋友。她更是喜欢我：我外出比赛缺课了她帮我补课；在我出现青春叛逆时与我平等地谈心；高中毕业前帮我规划未来职业前景，带着我参观她毕业的师范学院。好老师会影响她的学生，就这样，我跟着老师也迈进了广州师范学院，走上了教书育人之路。小朱老师便成了我走上教师生涯的引路人。

从教第二年，我开始正式接触品德教学。当时的想法很现实，教品德是更容易转变学生思想的，我是这样想的。可能因为自己从小不是乖学生，很是明白被老师批评教育的感受，所以我会要求自己平等地对待每一位学生。要知道调皮的学生都会有闪光的一面，我喜欢看着他们慢慢地变懂事，也愿意像帮助过我的老师一样去帮忙他们。

年少轻狂的我，当时感觉自己师范本科毕业，教小学是绰绰有余，教品德应该也不难的。

叁　迈向更稳更实的我

深入接触品德教学，特别是进入区品德中心组学习后，方知山外有山，学无止境。有幸跟随当时的广州市品德学科教研员姚顺添老师和海珠区教研员郑爱华老师学习，深受两人钻研精神和人格魅力的影响，我的学习热情也被点燃了。2018年，我参加了广州市百千万人才名师培养工程，有幸跟随华东师范大学刘良华教授、广州市教育研究院傅荣教授、广州市教育研究院费伦猛主任等学习交流，使我对教育科研工作有了更深入的认识和思考。

我一直觉得市教研员姚顺添老师很有内涵，讲座时信手拈来的古文和诗词让我这个文科生也自愧不如；他心中有稿、侃侃而谈的讲课风格更是让我向往。海珠区同行曾以"万红丛中一点绿"来赞誉姚老师。多年来，他一直大力支持我们海珠区品德学科的发展，无论备课、听课、评课和开展科研活动都能亲自指导，尽其力帮助我们进步和成长。他多次在不同场合提醒我们：别看我讲座好像不用打稿随意说，但其实稿都在我心里！对啊，作为老师，如果想成为名师，就得有自己的风格，教案讲稿应该自在心里，胸有成竹。

海珠区品德教研员郑爱华做事很务实，她与我亦师亦友，平时见面时间不多，但她很懂我。还记得在一次赛课后交谈时，她语重心长地提醒我："敏清，你很聪明，就是思维太跳跃了，若想以后发展更好，还得再稳再实一些。"郑老师对我的优缺点一言蔽之，让我获益良多。两位教研员在我品德学科发展之路上助力之大，尤为感激。

都说广东人务实，当遇事心不能静时，我就默默地提醒自己，想走更远就须脚踏实地，别想着耍小聪明走捷径。于是，"更稳更实"成了我教学成长道路上的座右铭。努力付出也换来了一些收获：参加海珠区小学青年教师教学基本功和技能竞赛评比获得品德学科一等奖；课例分别获第四届广东省品德教学评比三等奖、获广东省小学品德综合课优秀教学成果展示活动二等奖……个人撰写的论文或设计共有18篇在各级评比中获奖或刊登；参与编写《提升自尊感辅导手册》《和谐校园辅导手册》和广州市中小学生安全教育地方教材《安全教育》、人教版《道德与法治》特殊教育教材等。

2018年5月，我受邀作为导师为广州市第三批中小学骨干教师培训班作专题讲座，回到广州大学桂花岗校区（原广州师范学院）讲课。看着曾经熟悉的教学大楼，一丝感慨由心而生。我曾经在这里学习了四年，如今十多年过去，又再次回到母校为骨干教师讲课。

肆 我的思政教育观

早在2002年，学校选派入职不足两年的我到香港参与团体辅导训练，我开始接触到团体心理辅导的理念和技术，此后多次参与海珠区辅导中心和广州市教科所组织的教师培训活动，担任小组导师。在多次的培训辅导中，发现参加者不论是教师或是学生，都能十分投入活动中。团体辅导要求的聆听、分享、同理心等辅导技术也正是课堂上的需要，我便尝试把团体辅导和游戏辅导的经验运用到实际教学工作中，收到了不错的效果。

曾经的"孩子王"，现在也真成了"孩子王"。在品德课上，我想方设法多设计游戏或者活动环节，与学生一起玩游戏做活动。在游戏活动后进行小组分享，在团体汇报中用心聆听学生的想法和感受，再和他们分享一些人生感悟和道理，让他们在活动中自然而然地明理。小学生天生爱玩，也不爱听大道理，而在游戏和活动中，和他们分享个人的感受和收获，让他们自省自悟、自我教育，这样的教育教学方式深受学生喜爱，同时也促进了学生良好品德的形成。

品德教育，不是一次谈心、一节课或一项主题活动就能体现效果、解决所有问题的。作为班主任的我还有意识地挖掘所有课程和活动中的品德教育内涵，激活这些原本就蕴藏在学科教育和主题活动中的德育内容，以达到品德教育的目的。除了上好每一节的品德课和班会课外，凭着一股干劲，我还在班级里开展各种各样的课外活动，如图书漂流、爱心捐书、书信交友、亲子辅导活动等，带着学生在校园里玩，到校外做社会实践活动，学生和家长自然也喜欢和支持。我也因此被评为海珠区"优秀少先队辅导员""优秀德育工作者""优秀班主任"和"广州市优秀教师"等。

教育从来不是一蹴而就的事情，品德教育更加需要耐心，"十年树木，百年树人"正是很好的诠释。品德教育和习惯培养切不能心急，不能硬塞思想，更不好空口说大道理，而是需要春风化雨，循循善诱。

"好的教育不是设施有多好，而是老师的心有多好。现在我开始明白我为何要当老师了，因为在我学生时代遇到了很多位改变了我生命的老师。我觉得一点都没夸张，你就是其中一位。"第一届毕业生，现在同为教师的学生潘伟峰在微信这样对我说道。今年生日，微信上收到了潘潘一个特殊的"红包"，他说一直记着我的生日，今年经过努力终于考上公招到天河区公立小学就职了。几年前他向我报喜时说受我影响报考了韶关师范，我想真好啊，我的老师影响了我报读师范专业，现在我也影响着我的学生。

现任教的凤江小学五年级学生对我的评价中，出现最多的词语是"有趣"。我想这大概与个性有关，我本有趣，也努力追求有情趣的课堂！

——陈老师上课非常有趣，也经常布置许多有趣的课外作业，使我们的课丰富多彩。（吴宇桐）

——我觉得陈校长很好，上课讲的内容生动、有趣，我们很容易就能听明白。我很喜欢陈校长给我们上课。（王嘉慧）

——陈校长人很好，完全没有校长的架子。经常以朋友的身份给我们上课，还很幽默。陈校长不会太严格，会联系生活中的事例来给我们讲课，我觉得这样很好。（彭佳铭）

正所谓言传身教，教师也正是需要用自身的人格魅力去感染学生，用积极向上的精神面貌去影响学生，使他们同样成为乐观、向善的一代，从而培养学生正确的人生观、价值观和世界观。如同我喜欢的小说《小王子》，小王子一直在默默地灌溉那朵独一无二的红玫瑰，用心对待，静待花开，那花也是会明白他的心意的。或许一年，或许两年，或许更长的时间，但终有一天我们会看到那一朵独一无二的花儿的开放。

　　教学，从来都不是一成不变的。教育，更是不能放过任何一个细节的。教学教育方式的多种尝试，可能会收到意想不到的正面效果。让学生在欣赏他人中体会快乐，让学生在别人的欣赏中快乐成长，这正是我的追求。予情予趣，于无声处静待花开。无论是任教的学科教学，还是现时主管的学校德育活动，我都努力做到饱含激情，充满童趣，让学生们学会感恩、学会赏识他人，在学习中健康快乐地成长。

目 录

予情予趣 ——教学实践篇

志趣相投 ——工作室活动篇

苦中寻趣

——理论研究篇

我总听到老师们说："做课题很难的。""要上课，哪有时间做课题！""那是名师做的事情，我们普通老师做不来。"……其实我想说的是，课题研究是不容易，但我们可以在苦中寻找兴趣点。

从2006年跟张舜校长做了第一项国家级课题子课题研究后，我便感受到做科研对于提升教师个人教学能力的帮助。从开始的一窍不通，到慢慢围绕工作中的困惑或兴趣，我学习、摸索、研究、反思。多年来主持或参与各级课题研究有十余项，公开发表多篇相关课题成果论文；参与的课题成果结集为《提升自尊感辅导手册》及《和谐校园辅导手册》出版；参与的课题成果分别获广东省中小学创新教育成果二等奖、广州市小学品德教师学科小课题研究成果一等奖等。

正如费伦猛老师所说：搞课题累，做研究苦。但一线教师可以先从感兴趣的小课题入手，解决自身教学工作和教育实践的困惑。在此摘选几项个人课题的资料以作分享，祈请指正。

"绘本阅读辅导在品德与生活教学中的有效利用"开题报告

古人云：阅读足以怡情，足以傅彩，足以长才。阅读是丰富人生阅历的良好伴侣，通过阅读，我们可以借鉴他人的生活经历来使自己的人生变长、变宽。近年来，广州市大力开展书香校园活动，这使我们看到一个有利于培养及发展学生良好品德的契机，即在小学入学初段（一年级和二年级）的教学中，利用读书辅导中的绘本阅读，促进学生良好习惯的养成，提升品生课堂的教育实效。

一、选题的意义

1. 绘本阅读辅导的界定。绘本是儿童阅读的首选，绘本是指以较少的文字来讲故事，但每页都有彩色大图的薄册书。因为图画比文字较容易理解，所以绘本更为低年段儿童所接受。

读书辅导的展开，始自当事人阅读读本，然后逐渐被内容吸引，再跟随着书中角色所遭遇的困境和情感反应，将自己的想法和情感投入，与书中的角色合而为一，共享其情感经验，释放压抑的情绪，对自身前进路上的问题有了新的认识，获得适合自己问题的解决方法，或逐步养成某种良好品格、习惯，再应用到实际生活之中。

2. 品德与生活课程的内涵。品德与生活课程就是以儿童的生活为基础，以培养品德良好、乐于探究、热爱生活的儿童为目标的活动型综合课程。未来社会的发展越来越需要具有良好公民素质的人，道德信念、行为习惯、与生活态度等将成为以后做人、生活和创造的奠基。小学品德教育对儿童的品德成长起着非常重要的引领和保障作用。

3. 绘本阅读辅导与品生教学的关系。绘本阅读辅导可以全面帮助学生建构精神，对培养学生的认知能力、观察能力、沟通能力、情感发育等都有着潜移默化的影响。而品德与生活的教学目标就是要培养儿童良好的品德。两者是可以有机结合的，品德教学可以依托绘本为载体，设计阅读辅导活动，让儿童对自身前进路上的问题有新的认识，获得适合自己问题的解决方法，或逐步养成某种良好品格、习惯，再应用到实际生活之中。

二、研究目标

1. 探究"绘本阅读辅导"特色活动的品德教育元素。

2. 帮助教师掌握读书辅导等方面的理论与技术，促进教师专业化成长。

3. 探究绘本阅读在品德与生活教学中利用的方法、途径和效果。

三、国内外研究现状综述

绘本17世纪诞生于欧洲。20世纪30年代，绘本图画书的主流传向了美国。20世纪五六十年代，绘本开始在韩国、日本兴起。

20世纪70年代，中国台湾也开始了绘本阅读，随后引起绘本阅读的热潮。绘本不仅是讲故事，学知识，而且可以全面帮助孩子建构精神，培养多元智能。21世纪，绘本阅读已经成了全世界儿童阅读的时尚。

近年来，广州大力开展书香校园活动，各中小学都非常重视在学校开展学生阅读活动，但读书多停留在语文阅读能力提高上。再有能兼顾品行发展、学生素养提高的经典诵读为主，如诵读《三字经》《弟子规》等。

学校在近年来积极开展学生"读书辅导"的特色活动研究，通过一系列的活动，将读书辅导的方法和技巧运用到小学课堂中，尝试以绘本阅读和学生的习惯养成为突破口，促进低年级学生养成最需要养成的良好习惯，以完善学生的人格发展。经过一段时间的开展，辅导活动取得初步的教育成效。但是我们也发现，学校阅读活动还不够细致、深入、有效，课外书阅读对学生来说，更多只是趣味性的阅读，未能深入挖掘当中的品德教育元素，提炼出一套行之有效的教育方法和途径。

四、研究内容

1. 对绘本阅读辅导的研究。读书辅导的整个历程可视为一个认知重建的过程。而成功的读书辅导，与设计的问题及引导讨论有密切的关系。本课题需加以充分研究，借用此方法运用到品德与生活的课堂教学当中，注重阅读对学生心理成长的帮助，让学生在阅读中健康快乐地成长。

2. 整理出绘本阅读辅导活动中与《品德与生活》课程中有关的教学内容。提炼"绘本阅读辅导"特色活动中的具体的品德教育元素，包括知识、技能、情感等元素。参照《品德与生活学科课业评价标准》中四维目标的要求，逐一过滤出阅读活动中与学生素养培养有密切关系的元素，将关联的学习内容根植于充分互动的阅读活动中。

3. 围绕"绘本阅读辅导"活动中的品德教育元素，探究如何开展具体、有效的品德教育，形成初步体系。在各阶段的阅读活动中，如何通过辅导者即品德老师的介入，设计适合的阅读活动，使学生能受到潜移默化的教育，提升品德教育的实效性，帮助学生逐步养成良好的行为习惯和积极、健康的生活方式。这将是研究重点之一。

五、预期成果及效益分析

本课题预期完成时间为2014年3月至2015年5月。

1. 预期成果包括以下几点。

（1）构建出"绘本阅读辅导"的品德教学模式。

（2）整编小学品德绘本辅导读本。

（3）编制"绘本阅读辅导"特色活动中开展品德教育的初步的体系资料，包括活动方案、活动工作纸、反馈评价表等。

（4）研究报告。

2. 成果效益：通过实践研究，我们将精心选取适合小学低年段学生阅读的图文并茂、内容贴切的绘本故事，设计阅读方案并开展辅导活动，目标是促进低年级学生养成良好的品德和行为习惯。我们将这些活动方案在品德课堂实践之后进行修订，然后分年级汇编成两册，成为系列性、可操作性强的活动方案集，便于成果推广。

六、研究方法和技术路线

（一）研究方法

主要采用行动研究、调查研究和个案研究等方法，并坚持不断地在行动中研究、在研究中修改、在修改中再实施、完善。

1. 行动研究：开展"绘本阅读辅导"活动中的品德教育研究，并针对教学过程中出现的问题进行案例研究，包括课堂教学的研究、活动实践研究等。

2. 调查研究：采用问卷调查、教师学生座谈、观摩课例等手段，探究"绘本阅读辅导"特色活动进行品生教学存在的具体问题，收集相关资料，开展研究活动，为研究成果提供素材及资料。

3. 个案研究：选择一些教学案例，进行个案剖析研究，发现深层次问题，积累个案，探求"绘本阅读辅导"活动中开展品德教育的现状和解决问题的策略。

（二）研究步骤

第一阶段：准备阶段：2014年3月—2014年6月。

1. 制定课题研究方案；成立课题组，明确任务分工；调查分析本校学生情况，收集整理与课题有关的资料。

2. 初步提炼出"绘本阅读辅导"特色活动的品德教育元素。

第二阶段：实验阶段：2014年7月—2015年3月。

1. 按计划进行研究活动。

2. 初步总结出"绘本阅读辅导"在品德与生活课堂教学上应用的模式。

第三阶段：总结阶段：2015年4月—2015年5月。

1. 撰写结题报告。

2. 进行结题成果展示。

［本课题为2013年广州市教育局教学研究室小学品德学科规划立项课题（编号2013021）。］

"绘本阅读辅导在品德与生活教学中的
有效利用"结题报告

　　品德学科个人小课题"绘本阅读辅导在品德与生活教学中的有效利用"是根据广州市开展的"书香校园"目标和教育部《义务教育品德与生活课程标准（2011年版）》精神而设计的。课题开展以培养及发展学生的良好品德为目标，以绘本阅读辅导为切入点，在小学低年段《品德与生活》课堂教学中开展阅读辅导活动，以促进学生良好习惯的养成，提升品生课堂的教育实效。

　　本课题在2014年3月开题，经过一年的时间，在专家指导下，课题组成员有步骤、按计划地开展各项研究，基本完成课题研究的预期目标，取得一定成效。

一、研究执行情况概述

　　我校地处广州的城乡接合部，家庭环境造成了部分学生未能养成良好的习惯。而良好习惯的形成是低年级品德教育的重要目标。为此，我们在课题研究的过程中，以学生的习惯养成为突破口，让学生在学校和家庭都能表现出良好的、文明的品德习惯，提升品生课堂教学的实效性。

　　近年来，广州市大力开展"书香校园"活动，这使我们看到一个有利于培养及发展学生良好习惯的契机。作为市心理健康教育示范学校，我们熟练运用团体辅导为载体，同时与读书辅导策略或方法创新结合，通过团体成员的互动体验，促使个体在阅读思考中认识自我、接纳自我，培养良好的品德和行为习惯。

　　通过实践研究，我们精心选取和一、二年级品德教学目标相一致的，适合小学生阅读的图文并茂内容贴切的绘本故事，设计活动方案并开展辅导活动，目标是促进低年级学生养成良好的品德习惯，切实提升品生课堂的实效性。我们将这些活动方案在实践之后进行修订，然后汇编成册，便于成果推广。

二、研究成果创新之处

1. 本成果的最大创新在于运用读书辅导策略和方法，通过参与团体成员在阅读中互动体验，促使个体在阅读思考中认识自我、接纳自我，培养良好的品德和行为习惯。Hebert和Furner认为：在恰当的时间给年轻人提供与他们的处境和发展需要相匹配的文学作品，能够促进他们的情感改变和人格发展，帮助他们了解自己并解决问题。这正是读书辅导的意义所在。

以往品德课堂主要是从理论上强调良好习惯的重要性，并通过强化训练来让学生养成习惯。这种方法固然有效，但毕竟没有很好地引起学生共鸣，激发其内驱力，因而效果不是非常好，也容易反复。而读书辅导是从内而外的进行习惯养成辅导，孩子们从内心需要去接纳这些习惯，并自动自觉地进行训练，效果更明显。

2. 本成果的另外一个创新之处在于强化了通过团体辅导和读书辅导养成习惯的操作性和系列性。我们通过实践，梳理出《品德与生活》课本中有关小学生亟待养成的良好习惯的分类，精心选择了与小学生状况相匹配的适合他们阅读的绘本作品，并加以团体活动的形式进行辅导，并优化辅导过程，将其形成活动方案。这些活动方案涵括了活动的目标、过程、绘本文本、工作纸等内容，随手拈来稍作准备即可给孩子们进行辅导。

三、课题成果的应用和效益

（一）提升品生课堂的实效性

品德与生活课程旨在培养既有良好品德和行为习惯、乐于探究、热爱生活的儿童。在课题研究的初始阶段，我们面临各种困难：如何建构阅读辅导引入品生课堂的教学模式，使品生课堂更具实效性？如何依照学生的心理历程设计辅导问题，引导学生感受、领悟书中的真谛？

我们参照学校市级课题《读书辅导促良好习惯养成，构建和谐快乐校园》的读书辅导活动方案为蓝本，结合专家意见，逐项梳理出与品生课程学习主题相符合的，而又是学生亟待养成的良好行为习惯。按照《品德与生活》教学内容，共划分为八大主题：班级生活、学习生活、家庭生活、自我成长、节日活动、探究自然、社区与祖国、自然环境。之后再细分出与此八大主题对应的十二项行为习惯，并以此设计品德课程绘本读书辅导活动方案，将绘本辅导阅读灵活运用到

"课前导入""课中探讨"和"课后延伸"各个阶段，将校本课题读书辅导与品生课程相结合，提升了品德课堂的教育实效。

（二）促进家校教育的和谐

我们参考读书辅导理论书籍及实操活动，确立以绘本为阅读体裁。参考港台读书治疗的先进理论，将绘本阅读以说故事、主题探讨及延伸活动三部分实施。在活动中通过丰富生动的团体游戏、读书辅导的形式，让孩子在阅读中内化良好的行为习惯。

在活动设计中，特别重视亲子阅读的环节。活动课程都设计了"亲子工作坊"，让家长与孩子一起亲子阅读，对孩子阅读情况及行为习惯的养成进行评价等，促进了家庭教育和学校教育的相融合。

四、课题实施的收获

目前，我校以课题研究和成果推广的形式，在一、二年级进行了读书辅导，培养学生良好习惯的一系列活动。在学校进行了展示活动，受到了老师们的一致好评。读书辅导活动促进了学生良好习惯的进一步养成，使校园更显和谐。主要体现在以下四个方面。

1. 良好习惯得到提升。活动针对学生的学习习惯、生活习惯及交往习惯等进行了辅导，分别对学生与家长进行问卷调查。从数据分析可见， 78.40%的学生能明白养成行为习惯的重要性，并愿意努力尝试提升与培养该习惯；超三分之一的学生在努力后已养成良好的行为习惯；近三分之一的学生已初步养成并正在努力巩固良好行为习惯。

2. 阅读能力进步明显。读书辅导活动进行了一个阶段后，学生的阅读习惯与阅读能力也有了明显进步：一、二年级的实验班的课外订阅报刊的数量增多；二年级一班开展的绘本作品自编活动"种子的力量"受到学校大队部的表扬。

3. 教师风采得以展示。青年教师不断提升个人水平，展示自身的风采。课题组成员陈敏清、林格、左肖丽老师的阅读辅导课例参加2014学年广州市课外阅读指导微课大赛获小学组三等奖。课题组成员黄慧婷、林格老师在校内各展示了一次品德读书辅导活动课，得到校领导与品德科组老师的好评。

4. 亲子阅读促进和谐。在"亲子工作坊"的反馈中，我们感受到亲子阅读带给家庭的快乐。父母陪着孩子读书，看着孩子日渐养成的良好行为习惯，深感安慰；孩子在父母陪伴下读书，明白父母无私的爱，家庭责任感渐浓。

五、今后努力方向

品德课程对小学生养成教育至关重要。广州市现行使用的北师大版《品德与生活》教材内容丰富，课时较紧，而读书辅导活动是一项长期、有效的教育工程，要将读书辅导融入品生课堂，对老师来说是一项挑战。

但我们深知，以"团体辅导""读书辅导"形式开展品德课堂新模式的研究，形式新颖，效果显著，值得我们持之以恒地开展下去。我们将不断努力，更新读书辅导活动方案。现在课题组在不断地积累经验，不断地提高教育教学质量，让书香溢满校园，同时也为申报品德优秀学科组而努力。

（本课题研究成果获广州市教育研究院小学品德科课题评比三等奖。）

"运用道德故事，提高小学低年段法治教育有效性的研究"开题报告

一、选题意义

（一）法治教育选题的意义

党的十九大报告中指出，要坚定不移地走中国特色社会主义法治道路，深化依法治国实践。全面依法治国是国家治理的一场深刻革命，必须坚持厉行法治，推进科学立法、严格执法、公正司法、全民守法。由此可见，法治在当今社会的重要性。

2016年，中共中央办公厅、国务院就已联合印发了《关于加强和改进新形势下大中小学教材建设的意见》，专门对统编三科教学（道德与法治、语文及历史）作出了明确的要求；要求小学阶段的品德课程改名为"道德与法治"，强调道德教育与法治教育要相结合。

广州市小学品德学科多年来沿用北师大版的《品德与生活》和《品德与社会》教材，一线教师和学者专家对品德与生活和品德与社会课程教学的研究是很充分的。但对于新的道德与法治统编教材，因出版时间不长，研究还不够深入，一线教师在使用上还存有不少困惑，如何通过统编教材进行法治教育是很多教师亟须解决的问题。

（二）运用道德故事于法治教育教学中的意义

新版品德教材《道德与法治》的一个重要特征就是大量运用了故事，在正版和副版面中都有大量插图构成故事。道德教育中的故事法也是品德教育常用的方法之一。道德故事中包含大量中华优秀传统文化的元素，同时也有不少与法治教育主题相关的故事。利用好这些道德故事，能很好地提升法治教育的有效性。

对于小学低年段而言，学生大都喜欢故事，在课堂教学上通过听故事、读故

事和讲故事的教学方式，能顺应小学生年龄和心理特点，收到一定的正面提升教学实效的作用。所以，运用道德故事对小学生进行道德教育和法治教育便显得顺理成章。

二、研究现状

（一）国外关于法治教育研究的现状

"法治"是我们经常听到的词语，将法治理念引用到法律领域最早可以追溯到西方资本主义发展时期。

西方国家注重法治教育，以美国为例，美国中小学主要在社会科中进行法治教育。社会科在低、中年段及高中段分别采取融合相关学科的不同课程编制方式。内容不仅渗透于各学科开展，也进行跨学科编制，更有效地促进学生理解和接受。

西方国家在小学法治教育上多采用创设案例情境，增强学生情感体验。教师会根据学生的年龄特点来组织不同的案例。对低年级学生来说，图片、漫画，或让他们自己画图来阐明观点、态度是认识法律、增强法律意识的有效方法。

再观邻国日本，这一犯罪率较低的发达国家的做法。日本融法治于国民教育全过程和各个环节，国民从出生到幼儿园，就开始授受粗浅的法治精神启蒙教育。在幼儿园就有意识地进行秩序和谐、尊重与服从价值观念的自然培养。到了小学，则是国民教育的第一站。日本特别强调"在普及法律的理念下，在小中高学校中进行法律教育"。日本小学对学生规则意识、服务精神的培养几乎是事无巨细，渗透开展，通过细微的行为规范设计来培养他们的责任感。

对国外法治教育的研究能给予我们很多新启发，法治教育应从孩子启蒙教育入手，而且小学阶段的法治教育也不单纯是法律法规条文的讲解，更应是多学科、全方位地培养学生的法治意识和法治精神。在低年级教学中，可以运用图画和故事来引导学生对法律法规的认知。

（二）国内关于小学法治教学研究的现状

西方尚法治，中国崇德治，法治和德治有机协同是现代中国社会稳定和谐、人民幸福安宁的两块基石。崇德是中国社会治理的宝贵传统财富，法治是当代中国社会转型发展的重要方向，德治与法治相融是中国特色的治国理政之路。

道德与法治作为一门新生的课程，在国内只有为数不多的教育研究者及一线教师对它进行了研究和探索。在"知网"数据库中，分别以"法治教育""道德故事"为关键词搜索到不少的文章，但以 "小学、法治教育"为关键词，搜索到相关的文章则是少之又少。在此基础上进行分类归纳，见表1-1。

表1-1

关键词检索	道德故事			法治教育			小学法治教育			道德故事 小学法治教育		
	期刊	硕博	小计	期刊	硕博	小计	期刊	硕博	小计	期刊	硕博	小计
2014	85	3	88	170	40	210	1	0	1	0	0	0
2015	73	2	75	544	56	600	1	0	1	0	0	0
2016	72	2	74	679	183	862	3	3	6	0	0	0
2017	75	3	78	759	144	903	11	2	13	0	0	0
2018	4	0	4	54	1	55	1	0	1	0	0	0
合计	309	10	319	2206	424	2630	17	5	22	0	0	0

第一，从表1可以看出，国内有关"法治教育"的研究逐年递增。期刊的发表和硕士论文总数从2014年的210篇发展到2017年的903篇，增速之快，可见当前我国对法治教育的重视日益增长。

第二，因为2016年才改版《道德与法治》，所以目前国内基于小学阶段法治教育研究的文章寥寥无几。国内有关法治教育研究多见于高校，在小学阶段教学中应用的文章少之又少，共有文献资料22篇，只是大致指出了法治教育在小学阶段开展的必要性和重要意义，法治教育开展的难题和对策，缺少深入研究或极具推广价值的文章和成果。

第三，"道德故事"在国内的研究不温不火。期刊的发表和硕士论文总数从2014年到2017年都能保持一定数量，而研究多是集中在德育教育方面。当前我国教育界对运用道德故事提高学生德育实效方面的作用是认可的。而将道德故事运用到小学法治教育中的研究，目前仍是一片空白。

经过大量的阅读，我们发现在国内对小学开展法治教育的研究形成了一点的经验，也呈现了一些案例，对法治教育的重要性阐述清晰，然而还没有在经验和案例的基础上提炼为具体的教学策略或行之有效的做法。同时，对法治教育与儿童生活的有机融合、道德故事在法治教学课堂运用的教学模式并没有很好的方法推广和应用。针对已有研究的不足，课题组确定了本课题的研究方向，力求在基于本学科课程标准下，建立适合我校实际的、任课教师能够认同的小学低年级法治教育课堂的道德故事教学范式。

三、核心概念诠释

（一）法治教育

古希腊亚里士多德给"法治"下定义时说："法治应包含两重意义：已成立的法律获得普遍的服从，而大家所服从的法律又应该本身是制定良好的法律。"

1978年，美国律师协会青少年公民教育特别委员会的第一届年会把"法律学习"（Law Studies）改为"法治教育"（Law-related Education），指明法治教育是指教给学生相关法律与法律程序，法律体系的知识，利用法律知识解决生活中所遇到的实际问题，以寻求改进美国青少年的公民教育。

而我国《中共中央关于全面推进依法治国若干重大问题的决定》指出，从法制教育到法治教育，内涵发生了变化。法治教育既包括对法律体系和法律制度的宣传和教育，也包括对立法、执法、司法、守法等一系列法律实践活动的宣传，既突出了法治理念和法治精神的培育，也突出了运用法治思维和法治方式能力的培养。

在这里我们提到的小学法治教育是指学校根据小学道德与法治课程和《青少年法治教育大纲》的要求，有目的、有组织地对学生进行法治观念培养、规则秩序及尊法守法行为习惯养成的教育，包括法治知识、法治思维和法治能力三个方面的目标。法治教育有很多途径，在本课题研究中，我们研究的主要是基于本学科课程标准指引下的课堂教学。

（二）道德故事

道德故事是在人们长期实践经验的总结中，为维护社会的稳定、调节人们之间的相互关系而产生的一种运用口语或者通俗文字描述人物或事件的文学体裁，它旨在使人们形成良好的道德观念、道德情感和道德信念，从而自觉地接受维护整体利益的原则和规范。

传统道德故事所蕴含的教育主题非常丰富，包括有中华优秀传统文化的元素，待人接物、为人处事的教育，也有不少与法治教育主题相关的元素。利用好道德故事中的法治元素，能有效提升小学低年级学生对法治教育的兴趣，提高法治教育的实效。

四、研究内容

（一）小学低年级法治教育的目标定位与有关内容梳理

课题组以小学一、二年级课堂教学为研究对象，根据品德课程标准要求，对课程教材进行梳理，进一步细化和分解一、二年级统编版《道德与法治》教材中的具体单元目标。基于品德课程标准，落实小学法治教育的目标要求，明晰相关的知识点，把握教材的重点和难点，完成系列的教学设计。

（二）小学低年级法治教育中故事教学方法的范式研究

小学生对直观的图片、画面和故事比较感兴趣，教师应该把握这一特点，引导小学生通过道德故事来了解教学主题内容，组织学生理解故事从而增加对道德情感、行为习惯、法治观念与法治意识等的理解。这样既能调动学生的积极性，也能增加学生自己的学习体验。

在本课题研究中，重要的是在低年级品德教学中，着重开展运用道德故事教学的范式研究。研究以小学《道德与法治》一、二年级统编教材内容为例，选择合适的道德故事，优化选择适合的故事教学方式，提高法治教学的实效，形成适合我校实际的小学低年级法治教育课堂教学范式，并将此故事教学范式加以推广和应用，进而提高我校低年级法治教育的质量。

五、研究目标

1. 探究道德故事在法治教育教学中利用的方法、途径和效果。

2. 增加学生的法治知识，培养学生的法治思维和法治能力。

3. 通过研究积累丰富的小学低年级法治典型教育案例，形成具有一定推广价值的新经验，提升我校小学低年级法治教育课堂教学的实效性。

六、研究方法和分工

本课题研究主要采用行动研究为主的研究范式。同时，在具体的实施中，根据课题研究的需要和条件，坚持不断地在行动中研究、在研究中修改、在修改中再实施、完善（表1-2）。

表1-2

分工内容	负责人员
开题申请报告书	陈敏清
开题报告立项会议	简细荣
小学低年级道德故事品德教育系列教学设计	梁陆萍、林婕儿 郑建婷、谭遇华
小学低年级法治教育的研究相关论文	陈敏清、谭遇华
精品课例研讨展示	郑建婷、梁陆萍
课题研究报告	陈敏清

七、研究进度及预期成果

表1-3

序号	研究阶段	预期成果名称	成果形式
1	2018.08-2019.04	小学低年级道德故事品德教育系列教学设计	教学设计
2	2019.03-2019.05	小学低年级法治教育的研究相关论文	研究论文
3	2019.01-2019.04	小学低年级道德故事品德教育相关课例	精品课例
4	2019.05-2019.06	"运用道德故事，提高低年段道德与法治教学的有效性研究"的研究报告	研究报告

［本课题为2018年广州市小学品德教研会教师个人科研小课题（编号sxp2018053）。］

"运用道德故事，提高小学低年段法治教育
有效性的研究"结题报告

当前，随着新课程理念的不断深入，义务教育阶段对于道德和法治教育的要求也在不断提高。而道德和法治对于小学生的成长也有着十分重要的意义，能够引导小学生形成健康的人格和高尚的品德，使其更好地成长和发展。2016—2017学年义务教育阶段品德教材统一改成了《道德与法治》，足以见其重要性。统编教材在强化意识形态、国家安全的同时，特别强调学生道德规范和法治意识的培养。为了提升法治教育的有效性，我们尝试在开展《道德与法治》教学过程中，适当运用道德故事，来加深学生的法治观念的培养，以及规则秩序和尊法守法行为习惯养成。

一、课题研究的缘起

海珠区凤江小学地处广州市外来务工人员众多的城中村——鹭江村，外部环境与家庭环境造成了部分学生未能养成良好的法治观念。个别中高年级学生甚至存在离家夜归、小偷小摸等不良行为。为此，我校课题组在开展广州市品德学科科研小课题《运用道德故事，提高小学低年段法治教育有效性的研究》的过程中，以道德故事引入，以学生的行为习惯、规则意识、法治能力的养成为突破口，让学生在学校和家庭都能表现出良好的品德习惯，遇事有法治观念，有法治能力解决问题，以提升我校低年段法治教育的有效性。

2016年，中共中央办公厅、国务院就已联合印发了《关于加强和改进新形势下大中小学教材建设的意见》，要求小学阶段的品德课程改名为《道德与法治》，强调道德教育与法治教育要相结合。随着新课程理念的不断深入，义务教育阶段对于道德和法治教育的要求也在不断提高。而道德和法治对于小学生的成

长有着十分重要的意义，能够引导小学生形成健康的人格和高尚的品德。

新的统编版品德教材《道德与法治》的一个重要特征就是大量运用了故事，在课本正版和副版面中都有大量插图构成故事。道德教育中的故事法也是品德教育常用的教学方法之一。道德故事中包含了大量中华优秀传统文化元素，同时也有不少与法治教育主题相关的小故事。我们认为，利用好这些道德故事，能很好地提升小学低年段法治教育的有效性。

本课题在2018年9月开题，经过将近一年的时间，课题组成员在专家指导下，有步骤按计划地开展各项研究。结合区"'十三五'规划课题"《基于课程标准的小学低年级法治教育的课堂教学范式研究》，我校小课题组开展了同步研究活动、制定年级单元任务表，开展校内和百千万名师培训活动的课例研讨，积极参加市区品德教研活动和赛课比赛等，基本完成课题研究的预期目标，并取得一定的成效。

二、课题研究的创新之处

2017学年，小学阶段品德课程全面更名为《道德与法治》。随着新课程理念的不断深入，义务教育阶段对于道德和法治教育的要求也在不断提高。在课程转型、过渡的期间，不少一线教师对道德与法治教学中如何更好地实施法治教育存在一定的困惑。特别是在小学低年段的教学中，如何让法治教育和学生的现实生活有机结合，让每个学生感受到法在身边，而非生硬地堆砌法律条文；道德与法治课程中的法治教育的目标、内容等的研究能否系统呈现。任课老师目前还只能"摸着石头过河"，缺乏清晰的认识和操作方法。

（一）对小学低年级法治教育进行目标定位与有关内容梳理

通过研究，我们清晰了法治教育的概念。小学法治教育是指学校根据小学道德与法治课程和《青少年法治教育大纲》的要求，有目的、有组织地对学生进行法治观念培养、规则秩序以及尊法守法行为习惯养成的教育，包括法治知识、法治思维和法治能力三个方面的目标。

现行的课程标准中关于学生在法治意识方面有明确要求。课程目标要求教师在情感态度价值观方面，帮助学生建立规则意识和法治观念；初步树立民主意识，崇尚公平与公正。

我们认为小学法治教育具有以下四个特点。

1. 合作性。法治教育不能单靠学校教育，还需要家庭、社会等各方资源的通力合作，共同为学生营造良好的法治氛围。

2. 渗透性。小学法治教育不是单纯的品德学科教学，更应在不同学科教学、学校不同活动中穿插渗透开展。

3. 情境性。小学低年段学生以直观形象思维为主，根据学生身心发展特点，在课堂上可创设合适的生活情境以引起学生的情感共鸣，从而强化学生的法治意识和规则意识。

4. 实践性。为了更好地强化对法治知识的理解，内化学生行为，在法治教育中应根据实际需要设定模拟法庭体验等实践活动，让学生在亲身实践中养成遵纪守法的意识和习惯。

课题组以小学低年级品德课堂教学为研究对象，根据品德课程标准要求，对课程教材进行梳理，进一步细化和分解一、二年级统编版《道德与法治》教材中每个单元的道德教育点、法治教育点及具体目标，再精心挑选适合教学目标可引用的道德故事，整理出系列的单元任务表。

课题组成员在多次参加海珠区品德教研和法治教学专题研讨后，吸收研讨精神，基于品德课程标准，落实小学法治教育的目标要求，明晰相关的法治知识点；根据相对应小学低年段学生年龄特点，着重在学生习惯养成、规则意识和法治观念、法治能力等综合素质的培养上，并完成相应课题的教学设计。

（二）小学低年级法治教育中道德故事的选取

提高小学法治教育实效的方式方法是多样性的。在本课题研究中，重要的是在低年级《道德与法治》课程教学中，着重开展运用道德故事，以此提升法治教育的有效性。

新版品德教材《道德与法治》的一个重要特征就是运用了大量故事，因小学低年段学生大都喜欢故事。所以，运用道德故事对小学生进行道德教育和法治教育便显得顺理成章。

在引入道德故事教学的过程中，首先需要注意选择好故事，我们着重于选择有关中华传统道德方面的绘本故事，尽量兼顾中华传统文化教育及法治教育效果。因为只有真正贴合课本、迎合学生兴趣并且具有一定积极精神的故事，才能够吸引学生学习，加深学生理解，增强对学生影响，从而对课堂教学效果产生正向的推动效果。在故事的选取方面，要注意以下两点。

1. 故事要适应学生特点。在选择道德故事之前，教师首先要掌握学生的心智发展规律和课堂状态特点，就拿小学一、二年级的学生来说，其主要的心智发展规律表现为理解能力偏弱，但是却有很强的好奇心和模仿欲，而在课堂状态方面，往往表现为难以长时间集中注意力。所以在对一、二年级学生进行《道德与法治》教学活动的时候，就要注意选取的故事逻辑、情节不能够太过于复杂，同时故事的时间也不宜过长，一般3到5分钟能够讲完最合适，因为时间过长，学生的记忆效果就会下降。

2. 故事要契合教学目标。《道德与法治》没有过多的理论知识，主要是通过向学生传授一定的道德和法治方面的道理，来让学生形成对相关概念的认识，其最终教学目标是让学生能够建立起崇尚美好道德、遵守法律法规的意识，并用来指导和规范现实行为。所以我们在选取故事的时候，还要注意故事一定要来源于生活，要真实可信，要有比较强烈的现实感，让学生在接触故事的过程中能够在认知上、情感上产生共鸣，并进一步思索和理解其中所蕴含的道理。

在引入道德故事到《道德与法治》课堂中的时候，需要注意的是，故事引入和通常意义上理解的"讲故事"是有一定区别的。"讲故事"只是需要将故事中的内容、情节表达出来即可，但是故事教学不仅要把故事的内容、情节表达出来，还包含了教师所追求达到的一定教学效果。

（三）研究总结小学低年级法治教育中故事教学方法的范式

经过摸索，课题组总结出以下适合我校教学实际的教学范式：故事呈现—话题引出—道德思辨—践行法治。这一法治教育课堂教学范式便于教师操作，同时提高我校法治教学的实效。

1. 运用多媒体技术呈现故事。当前，随着信息技术和多媒体技术的发展，教学方式也可以比以前更加丰富和灵活。在《道德与法治》课堂中引入故事，传统人手一本的纸质书籍较难实现，我们可以运用多媒体技术作为辅助手段，比如可以从网上找一些讲述道德故事的小短片或者小动画，或者教师自己下载、制作能够展示道德故事内容的幻灯片，在课堂上向学生展示。运用多媒体技术展示，不仅可以在有限的平面上展示更多的内容，同时，比起纸质故事，图像和声音并茂的形式，也更加容易活跃课堂氛围，调动学生的兴趣，进而提升教学效果。

2. 结合生活引出话题。学生阅读故事后，教师要结合学生生活经验进行一定的引导，让学生能够对故事的意思和所要传递的思想有一定的掌握。教师可以结合故事内容向学生提问，比如"你们喜欢故事中的××吗？为什么？""如果是你，你会怎样做？""在平时的学习生活中，你见过类似的事情吗？"等，然后让学生对接生活经验进行思考。

例如，设计《道德与法治》一年级下册第三单元《家人的爱》一课，教师在学生阅读完《孔融让梨》这个传统道德故事后，就问道："你们喜欢故事中的孔融吗？"孩子们天性向真向善，都会喜欢小孔融。接着教师请小朋友们拿出课前准备好的"相亲相爱一家人"的画或照片，在小组里说说自家相亲相爱的故事。引导学生发现日常生活中家人之间的爱，使尊老爱幼的传统得以发扬。

3. 引导学生道德思辨。批判反思是道德理性的基本能力，能使人在现实情境中有向善的可能。阅读道德故事后，我们都会精心设计若干思辨性问题，引导学生通过两难选择、小组思辨、续编故事等形式，以达到自我教育的功效。

同样以《家人的爱》一课为例，教师在课中播放《弟子规——出必告，反必面》视频后，问学生："小主人翁是怎样做的？你们平时会这样做吗？"学生联系生活会发现自己平时可能做得不够的地方，如出门不说再见，入门不向长辈问好。对于学生的回答，教师不必急于纠正，可让学生有更加充分的思辨时间，思考为什么出门和回来都要打招呼。最后教师解析中华传统礼仪——出必告，反必面，让学生明白不让家人担心也是爱的表现。

4. 指导课后法治践行。在学生原有的生活经验基础上，学以致用，践行体验是品德教学的关键。同样，让学生从小知法、懂法、培养法治观念，并从内心认同、践行，便是法治教育的根本。课题组设计教案时，尽量在课后环节布置相关主题的践行体验任务，让低年段的学生和家长完成亲子活动，并在活动中践行体验，巩固所学。

在教学《家人的爱》一课的最后环节，教师让学生听《奶奶的孤单》音频，向学生渗透《中华人民共和国老年人保护法》，让学生明白尊老爱老不单是我们的传统美德，老人的权益还受法律保护。课后延伸环节，教师布置了"贴心宝贝"行动任务：回家后用自己新学会的表达方式，为爸爸妈妈、爷爷奶奶或其他长辈做一些力所能及的事，表达你的爱，请他们为自己的表现贴"心"。借"贴心宝贝"行动卡，在学生原有的生活经验基础上，学以致用，践行本课所学到的新方式、新方法去表达对家人的爱，促使学生不光要心动，还要行动。

三、研究的应用效益

1. 学生法治知识、规则意识和法治能力得到增强。从本学年每周进行学校"文明班"评比情况来看，一、二年级学生的规则意识、守法观念有了较大的进步。同比往年一年级获得"文明班"的周次数，本届班级增长26.89%；另据二年级实验班二年级二班班主任反馈，课间学生打闹现象同比减少，学生之间有矛盾发生时，会第一时间报告老师，让老师协助解决。同时我们进行了一、二年级的后测问卷，家长对孩子在习惯养成和规则意识方面的满意度还是比较理想的。

2. 教师在研究中磨炼，风采得以展示。课题组成员在各项论文评比、课例比赛及展示活动中得以磨炼，不断提升个人水平，展示自身的风采。课题负责人陈敏清副校长撰写多篇相关论文参赛获奖，同时将该范式课例送教到惠州、番禺等小学；梁陆萍老师《分享真快乐》课例获"一师一优课"市级优课；谭遇华老师撰写的论文《运用道德故事，提高道德与法治教学的有效性》在《华夏教师》发表；郑建婷老师也运用道德故事教学范式设计三年级课例参加品德综合优质课比赛。

3. 经验总结在全校学科中得以推广。课题组根据《道德与法治》教材内容，立足低年级学生的年龄特征，设计法治教育故事教学活动内容，并在实践过程中进一步总结和提炼教学经验，形成操作性强的教学范式，通过课例研讨向全校推广。

同时结合区法治教育的研究，我们制定了年级的单元任务表，任务表中分栏列举了统编版《道德与法治》教材中，每个单元的"道德教育点""法治教育点""具体目标"和可选用的"道德故事"，方便一线教师教学操作，希望可以为相关的教学工作者提供一些有价值的参考和借鉴。

四、研究的后续方向

1. 扩充道德故事资源库。本课题在选择故事上，着重选择有关中华传统道德方面的绘本故事，而现今市面上多是国外绘本，国内一般的道德故事呈现方式不一定是适合低年段的绘本形式，所以在收集和选取、呈现道德故事上，还存在不少难度。

2. 须继续研究单元任务表和精品课例。因研究时间有限，现仅完成一年级及二年级部分的单元任务表，而课题组成员设计的课例只有十篇。接下来，课题组还要继续完成二年级的单元任务表，理清各单元的道德教育点、法治教育点，以便更好地设计法治教育教案。

3. 对研究成效还需要更多数据上的支撑。之前的前测数据只是针对全区开展，没有单独进行本校的前测。结题前我们虽然有针对一、二年级家长做问卷后测，但研究数据还是不够科学。

经过将近一年的课题研究，我们相信，运用道德故事，能有效提高小学低年级法治教学的效果。这既是当前新课程理念的要求，也能够适应小学生的发展特点。教师在实施课堂教学时，需要根据目标，并从激发学生学习兴趣、加深学生理解吸收的角度出发，注意选取好合适的道德故事内容，同时采取合适的教学方式，从而不断提升法治教学效果。

图1-1

（本课题成果获"第五届广州市小学品德教师学科小课题研究"成果一等奖；获评为广州市第二届"百个学校思想政治理论课课题"。）

"基于道德与法治核心素养的红色教育单元作业设计与实施研究"开题报告

一、选题意义

道德与法治课程是义务教育阶段的思政课，是落实立德树人根本任务的关键课程，发挥着不可替代的作用。办好思政课，要放在世界百年未有之大变局、党和国家事业发展全局中来看待，要从坚持和发展中国特色社会主义、建设社会主义现代化强国、实现中华民族伟大复兴的高度来对待。

（一）培养社会主义合格公民的需要

习近平总书记多次强调，课程教材要发挥培根铸魂、启智增慧的作用，必须坚持马克思主义的指导地位，体现马克思主义中国化最新成果、中国和中华民族风格、党和国家对教育的基本要求、国家和民族基本价值观、人类文化知识积累和创新成果。为此，聚焦学生发展核心素养，培养学生正确价值观、引导学生明确人生发展方向、成长为全面发展的社会主义建设者和接班人尤为重要。

（二）新课标下教育教学的需要

2022年，随着新课标的出台，对教育教学提供了新思路和新纲领。《义务教育道德与法治课程标准（2022年版）》明确指出，道德与法治课程是义务教育阶段的思政课，旨在提升学生思想政治素质、道德修养、法治素养和人格修养等，增强学生做中国人的志气、骨气、底气，为培养以实现中华民族伟大复兴为己任的有理想、有本领、有担当的时代新人打下牢固的思想根基。

本次新课标的调整，进一步提升了政治认同和核心素养教育。

凝练了核心素养。此次修订，基于义务教育阶段的育人目标要求、中国学生发展核心素养和道德与法治课程性质，凝练了道德与法治课程要培养的学生核心素养的五个方面：政治认同、道德修养、法治观念、健全人格和责任意识。这五个方面覆盖了道德与法治课程的全部内容，突出了道德与法治课程在培养时代新人方面的独特价值，符合义务教育阶段学生发展特征。

课程内容选择更加突出政治性和时代性。修订后的课程标准着力确立学生学会做人、做事的道德与法治基础，增加了"党的领导"、伟大建党精神、全过程人民民主等党和国家发展中的重大理论创新、实践创新和制度创新成果，增加了反映文化传承创新、最新社会发展热点、国内外重大时政事件、与学生生活密切结合的各类情境内容。

（三）"双减"政策下课程变革的需要

2021年7月，中共中央办公厅、国务院办公厅联合发布了《关于进一步减轻义务教育阶段学生作业负担和校外培训负担的意见》（以下简称"双减"）。"双减"是为了贯彻落实立德树人的根本任务，培养有家国情怀、创新意识、理想信念，对政治认同，能担当重任的新时代接力者。"双减"政策对义务教育阶段作业减量提质的关注，小学作业的研究逐渐成为热点。

《义务教育道德与法治课程标准（2022年版）》指出："创新作业方式，注重设计带有团队合作性质的、项目任务性质的作业，以掌握学生的学业达成情况，及时评价、反馈、指导学生学习。"作业作为小学生道德与法治学习的重要实践途径，如何落实学生综合解决问题的能力以及核心素养的提升，成为教学的重要问题。基于此，应结合"双减"的背景需求，从培养小学生核心素养的视角出发，运用先进的教学和管理理念，找到切实可行的方式指引小学道德与法治课作业设计的优化和实践。

由此可见，在小学道德与法治课堂上，通过作业优化设计和实施，加强党史学习教育、红色教育，培养学生政治认同的核心素养，成为课程变革和社会发展的必要趋势。

二、项目研究现状

（一）国外研究现状

1. 作业设计优化策略的研究。

教育学家夸美纽斯强调了作业设计的重要性，同时研究较为侧重作业在巩固知识和完善技能方面的意义。

美国教学研究专家布尔菲认为，布置作业时应提供一些背景知识和相关材料，注意学生之间的差异性，注意作业的难度和数量。美国教育家布卢姆编著的

《教育目标分类学》中，对作业的结构和内容应视学生的能力而异作出了论述，分层布置作业对学生发展有利。

哈里斯·库帕认为作业设计十分重要，作业设计不合理有可能产生负面效果。他给出的启示是作业设计的数量要合适，作业设计难易程度要适中，以及根据学生的实际情况进行选择。哈里斯·库帕等研究发现：小学阶段的课堂指导学习比做课外作业效果要明显，设计不当的课外作业也会给学生带来不容忽视的消极影响。

国外持续开展了以家庭作业为切入点减轻学生学业负担的系统研究，其中对家庭作业的概念、类型、影响、有效性等问题进行了全方位、多视角的研究并取得了系列成果。借鉴国外研究对当前我国基础教育中作业的研究和改革，尤其为减轻中小学生课业负担提供了不少的参考。

2. 关于爱国教育的研究。

爱国主义教育是人类文明发展过程中逐渐形成的一种社会建构活动，是一项持久性、系统性、稳定性的教育工作。古今中外，世界各民族历来把爱国主义视为凝聚民族精神、动员和鼓舞人民团结奋斗的一面最鲜艳的旗帜。世界各国都十分重视爱国主义教育，无一不探索有效的爱国主义教育实践路径，并将爱国主义教育融入制度化的国民教育体系。

现代国外青年爱国主义教育可以划分为以学校课程引导青年爱国认知的知识向度爱国主义教育，以仪式符号激发青年爱国情感的情感向度爱国主义教育，以实践行动深化青年爱国责任的行为向度爱国主义教育。国外的爱国主义教育基本是从传统文化教育、历史教育、本国自然地理状况教育、各国现行政治社会制度教育、国旗国歌的教育和历史名人事迹教育等方面入手，通过丰富多样的途径，不断强化国民的爱国意识。

美国是一个非常重视爱国主义教育的国家，美国人的国民教育更是普及了每个课堂，无论是小学、中学，还是大学都设有历史课。可以说从幼儿园起，爱国主义教育便浸染到日常教学的每个环节。在美国，孩子从幼儿园开始就要学习画国旗、唱国歌；进入小学后，爱国主义教育课程内容由浅到深，增强作为一名美国公民的自豪感和责任感。同时，美国还特别注重教育手段的丰富多彩，如电影、书籍出版、音乐、电视、爱国主义教育基地建设等，都成为其爱国主义教育的方式。

与中国普遍存在的"思想政治课"类似，日本目前的小学和中学都有"社会课"。在日本，爱国主义教育又称为"爱心"教育，主要特点是进行批判从而得到启示，主要内容分为三个方面：对传统文化的了解，对乡土的热爱及对民族精神的培养。通过对传统文化及对乡土的教育，培养对日本文化及家乡的认同感、归属感和自豪感，从而达到爱国主义教育的目的。

国外在开展青年爱国主义教育的过程中，不仅以从国家政府到学校自上而下的结构进行爱国主义教育，也注重利用教育机构、社会组织、社区、家庭等多方主体协同育人，共同培养孩子的爱国精神。

（二）国内研究现状

在"中国知网"中，分别组合"道德与法治核心素养""红色教育""单元作业"为关键词进行文献搜索，截至2023年12月，搜到相关文章数量（中文库）见表1-4。

表1-4

年份	关键词			
	道德与法治核心素养	红色教育	单元作业	道德与法治核心素养红色教育单元作业
2019	539	121	28	0
2020	545	109	33	0
2021	418	412	86	0
2022	394	283	373	0
2023	513	260	616	0
合计	2409	1185	1136	0

从表1-4可以看出，国内有关"道德与法治核心素养"和"单元作业"的研究近两年来递增较快，为近期教学热点。在这些文献当中，与单元作业同现最多的关键词包括作业设计、核心素养、单元教学、"双减"政策、深度学习等（如图1-2所示）。根据高频出现的关键词分析，对于作业设计研究主要集中以下两方面：一是作业设计的策略研究；二是基于学科核心素养的作业设计研究，如基于小学语文核心素养的单元作业设计研究、深度学习下初中英语作业设计探究等。与单元作业同现的关键词分布情况见下图。

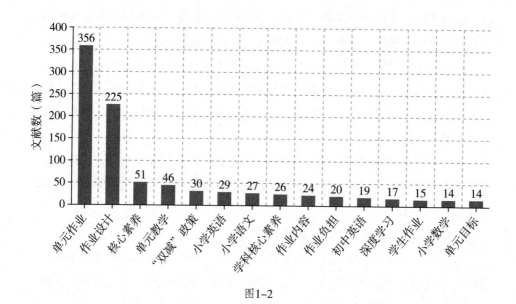

图1-2

近五年来，我国学者对单元作业设计的研究也很多，其中不同学段单元作业设计的研究文献分布情况见图1-3。

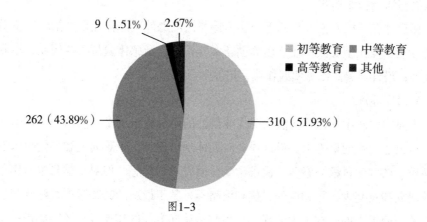

图1-3

《义务教育道德与法治课程标准（2022年版）》的实施为道德与法治学科作业设计研究指明了方向。课题组根据所收集的文献，归纳出如下道德与法治课程作业设计研究的主要观点。

1.小学道德与法治作业设计存在的问题研究。

国内学者对作业设计问题的研究重点集中在"内容、形式、数量、难度"等方面，但依旧有许多问题需要深入详细的探究，如教师单元作业设计的意识不够、教师忽视作业设计对培养学科核心素养的重要性等。这些问题的存在影响了作业实际效用的发挥，影响了学生学科核心素养的培养。

尚玉红《"双减"政策下小学道德与法治作业质量提升途径探究》中提出，从当前小学道德与法治课后作业设计与布置实践来看，存在作业形式单一、趣味性不足、作业评价环节缺失等问题，学生为完成作业付出大量时间、精力，背离了"双减"政策实行的初衷。

诚然，当前国内对小学道德与法治课作业设计的研究逐步增多，研究主要着眼于作业设计存在的原因、作业设计的原则、作业设计的优化策略等方面，内容逐渐细致化和系统化。

2.小学道德与法治作业设计的优化研究。

苏培园在《优化作业设计　评价助力生长——小学道德与法治课后实践性作业的应用策略》中提出优化作业内容需对接主题、联通生活、整合学科；优化作业形式需体现协作性、选择性。

黄春桂在《"双减"视域下小学道德与法治作业设计的优化》一文中提出将知识性与趣味性、理论性与实践性、独立性与合作性进行融合，从而不断优化小学道德与法治作业形式。

杨琼芳在《核心素养视角下小学道德与法治课外实践作业设计策略》中提出要设计动手操作型实践作业，培养创新素养；设计情感体验型实践作业，培养责任素养；设计经验总结型实践作业，培养学习素养。

3.研究述评。

当前国内对小学道德与法治课作业设计的研究逐步增多。国内一线教师在结合学科核心素养的培养上，设计作业时能体现培养学生乐观向上和热爱祖国的优秀品质、培养学科核心素养、促进学生全面发展的思想。但对于学科单元作业设计的研究涉及甚少，且相应的案例和策略不是基于最新的2022版课程标准和学科核心素养而提出的，在加大体现小学生政治认同方面的作业设计还需要进一步的优化与实施研究。

新使用的广州市中小学思政课新结构教学设计模板非常强调学科大概念的提取，进行大单元设计，教学评一致性。道德与法治课程对于道德与法治单元作业设计所独有的原则的研究显得尤为重要。同时，课程须结合学科核心素养的培育，凸显政治性原则。因此，在红色教育单元作业设计方面，我们需要思考的是：从教师层面来看，如何让红色教育的作业内容结合学生生活，设计有效的单元作业？从学生层面来看，怎样的单元作业方式，是学生喜闻乐见，并真正有助于提升学科核心素养的？从评价功能来看，怎样才能掌握学生学业达成情况，及时评价、反馈、指导学生学习？

因此，单元作业设计和实施的研究在小学道德与法治教学实践领域的探索仍有很大的空间，研究价值也很高，有助于小学道德与法治课对学生学科核心素养的培养，培育和践行社会主义核心价值观，更大程度上发挥出思想政治课的育人功能。课题组将抓住小学道德与法治课程中的红色教育主题，开展系列的单元作业优化设计和实施研究。

（三）核心概念诠释

1. 道德与法治核心素养：根据《义务教育道德与法治课程标准（2022年版）》，道德与法治课程要培养的核心素养主要包括政治认同、道德修养、法治观念、健全人格、责任意识。红色教育单元课程内容主要指向于学生政治认同核心素养的培养。政治认同是指具备热爱伟大祖国、中华民族、中华文化、中国共产党、中国特色社会主义的情感，以及为中华民族伟大复兴而奋斗的志向，能够自觉践行和弘扬社会主义核心价值观。

2. 红色教育：红色教育是以红色作为时代精神内涵的象征，对学生进行爱国主义教育和革命传统教育，遵循寓教于乐的原则，结合重大节日和纪念日，对学生开展丰富多彩的思想政治教育。开展红色教育可以通过上红色课程、读红色书籍、看红色电影、唱红色歌曲、参观红色基地等多样的形式进行。开展红色教育有助于培育学生的政治认同，树立共产主义远大理想，成为德智体美劳全面发展的社会主义接班人。

3. 单元作业：综合已有文献可以发现，单元作业是以一个大概念来组织目标、情景、知识点等课程要素，所形成的需要相对较长时间和多课时才能完成的、进阶性强的相对完整的学习活动。单元作业打破单元内单篇课文之间的界限，在对单元内容进行系统的结构化分析的基础上设计的，能够有效考查学生对单元核心知识的整体性、概念化理解。单元作业是一种追求整合性、进阶性、开放性的作业形态。小学道德与法治单元作业的设计应树立以每个学生生命成长为中心的理念，以发展学生核心素养为根基，紧扣单元学习目标，设置螺旋上升体系化单元作业，让学生在形式多样有效的实践中提高政治认同。

三、研究目标

1. 在单元宏观构建和教学目标的指引下，整理教材红色教育单元内容；挖掘和利用红色教育主题资源，设计形式多样的单元作业，促进学生作业方式的转变。

2. 基于道德与法治核心素养，探索小学道德与法治作业设计优化策略，提升思政教师作业设计能力，提高教学质量。

3. 立足学科核心素养，丰富评价方式，凸显作业育人的价值，培养和提升学生的政治认同。

四、研究内容

1. 小学红色教育的单元目标定位与有关内容梳理。

课题组以小学道德与法治教材为研究对象，根据2022版课程标准要求，对课程教材进行梳理，进一步细化和分解统编版《道德与法治》教材各单元中有关红色教育的单元教学目标；把握教材的重点和难点，并进一步梳理、选择和确定与小学生政治认同核心素养相关的主题与内容，为后期完成系列单元作业设计、学生作业实施和评价提供具体支持。

2. 基于核心素养，探索小学道德与法治单元作业设计优化策略。

结合各年级相关红色教育单元主题作业的整体框架和内容，进行形式丰富的作业设计。在作业设计及实施中不断修正、探索道德与法治课单元作业设计的优化策略。

3. 开展有效指导和评价，突显作业育人的价值。

坚持以评促学，运用作业成果展示、多主体评价交流等形式，鼓励和引导学生践行社会主义核心价值观，弘扬社会主义先进文化、革命文化和中华优秀传统文化，在作业实践中扩展视野，提升能力，知行合一。

五、拟采用的研究方法和技术路线

（一）研究方法

课题研究主要采用行动研究为主的研究方式。同时，在具体的实施中，根据课题研究的需要和条件，坚持不断地在行动中研究、在研究中修改、在修改中再完善实施。

1. 开展访谈，了解现状。采用非结构性访谈法，通过对教师和学生的访谈，搜集有关基于核心素养的红色教育单元作业设计的材料和实践证据，了解道德与法治教师单元作业设计的理念和思路，了解学生的学情和喜爱，为后续单元作业设计提供实际材料。

2. 以点带面，实践研究。以小学道德与法治1—6年级的教材为研究文本，选择一些典型教学单元，进行深度剖析研究，挖掘红色教育元素；跟踪研究一线科任教师的单元作业设计，了解单元作业存在的弊端和优势，深入教研组单元作业设计的步骤，探求小学红色教育单元作业设计和优化的策略。

3. 总结经验，区域推广。根据道德与法治教材内容，确定教学重点难点，基于学科核心素养，设计红色教育单元作业内容，并在实践过程中进一步总结和提炼教学经验，形成操作性强的优化设计策略，通过广州市名教师工作室活动向区域内学校推广。

（二）技术路线

课题研究技术路线如图1-4所示。

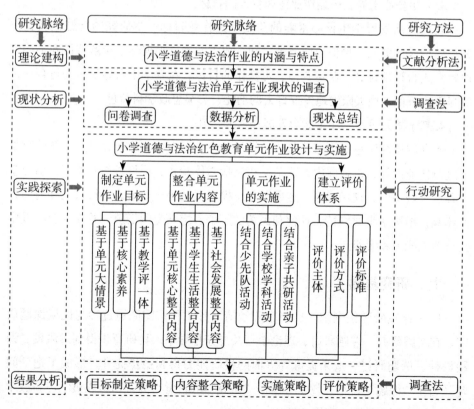

图1-4

六、特色与创新之处

1. 契合课程发展所需。

从研究的时代特征来看，本研究基于新课标颁布和双减背景，具有时代性，契合课程发展所需。本课题的研究将为学生核心素养培养和学科单元作业设计探索可行的技术路径，使"双减"背景下的减量提质成为可能，能有效推动课程建设。

2. 研究视角新。

本课题研究通过学科红色教育单元作业整体设计与实施，将教、学、评有机统一，形成的单元作业设计成果可以供区域内道德与法治教学提供借鉴。本课题旨在通过开展单元作业创新研究，力求把思政作业与学生生活、社会实践深度结合起来，推动小学红色文化教育的实施，符合习近平总书记的青年价值观教育思想。

3. 立足核心素养，彰显作业铸魂育人的目标。

教师应从发展学生核心素养的角度制定作业目标。本研究围绕红色教育主题，政治立场鲜明，价值导向清晰，知行要求明确。根据学生年龄特征和不同学段特点进行科学设计，制定具体、可操作的目标，在教学中引导学生知行合一，突显育人价值，最大限度地发挥育人的功能，彰显思政学科特色。

4. 基于单元设计，注重能力发展和素养提升。

本课题研究注重提炼道德与法治教材单元主题内容，站在大单元主题的背景下进行作业设计，加强课内外联结，积极探索体验式、项目式作业类型，引导学生开展参观访问、现场观摩、志愿服务、模拟活动等作业形式进行自主探究与合作体验，增进学生对国情、社情和民情的了解，增强爱国情感，并在社会实践中提升个人能力和素养。

七、研究基础

1. 工作室研究氛围浓。广州市陈敏清名师工作室团队通过参与区域课题研究，在实践研究、课题研讨、理论学习及专家指导中，科研意识得到了激发；课题设计、课题研讨、成果提炼等方面的科研能力得到稳步提升，形成了把"问题"当作"课题"，把"教学"当作"研究"的自觉行为。团队成员学习新教学经验、探索新教学理论氛围浓厚。

2. 研究人员有保障。目前已经组建了课题组，课题组核心成员均来自市名师工作室，大都是海珠区道德与法治骨干教师和海珠区道德与法治青年联盟教师。她们都参与或主持过各级课题的研究，具有丰富的教学经验和课题研究经验。本课题研究将紧密结合学科的教研工作进行，并且以点带面，通过课题组带动广州市名师工作室成员和区域内的青年教师，以部分学校作为重点开展的学校，点面结合，在总结成功学校经验的基础上向面上学校推广。力求通过此课题研究，促进实验学校青年骨干教师队伍的成长，同时带动区域面上学校道德与法治教学水平的提高。

3. 研究有一定前期基础。本课题研究是在前期市级学科科研课题研究的基础上进行深度研究。课题负责人主持过一项广州市小学品德学科科研课题"运用道德故事，提高小学低年段法治教育有效性的研究"，收集了一定的道德故事资源。红色教育本就可通过阅读红色书籍，宣讲红色故事展开，课题研究有一定研究资料。负责人参与设计的五年级红色教育单元作业获得广州市义务教育阶段小学道德与法治单元作业设计与实施案例评选一等奖。为了顺应思政课程创新改革的需要及学生核心素养的提出和实施，拟在新背景下进行深度研究。

4. 有一定的经费保障。课题负责人所主持的广州市名师工作室将有经费下拨，且本课题得到所在学校的大力支持。课题组将按照相关规定使用课题研究经费。

八、预期成果

主要阶段性成果及最终研究成果见表1-5。

表1-5

主要阶段性成果				
序号	研究阶段	阶段成果名称	成果形式	承担人
1	2024.09—2025.02	红色教育单元作业设计策略	论文	主持人课题组
2	2024.03—2025.07	红色教育主题优秀作业设计	成果集	课题组成员
3	2024.09—2025.08	教学设计	课例	课题组成员

续 表

最终研究成果				
序号	完成时间	最终成果名称	成果形式	承担人
1	2025.10	基于道德与法治核心素养的红色教育单元作业优化设计与实施研究	研究报告论文	主持人
2	2025.09	红色教育主题优秀作业设计、活动评价表、学生作业成果集	成果集	课题组成员
3	2025.08	教学设计	课例	课题组成员

九、研究进度

1. 课题研究准备阶段：2024年1月—2024年3月。

（1）制定研究方案；

（2）进行相关作业设计的理论学习；

（3）整理分析1—6年级课程相关内容。

2. 课题研究实施阶段：2024年3月—2025年3月。

（1）按计划开展研究活动，在单元宏观构建下设计作业内容；

（2）通过讲座、课例展示、作业展示等多形式研讨，探索开展单元作业设计的策略；

（3）建立红色教育资源库，实现教学资源共享。

3. 课题研究总结阶段：2025年4月—2025年12月。

（1）总结、反思、提炼，形成优秀单元作业设计集或论文；

（2）展示研究成果，发表论文等；

（3）撰写研究报告，申请结题验收。

参考文献：

［1］中华人民共和国教育部制订.义务教育道德与法治课程标准（2022年版）［M］.北京：北京师范大学出版社，2022.

［2］中共中央办公厅，国务院办公厅.关于进一步减轻义务教育阶段学生作业负担和校外培训负担的意见［S］.2021-07-24.

［3］王月芬.重构作业：课程视域下的单元作业［M］.北京：教育科学出版社，2021.

［4］韩震.义务教育道德与法治课程标准（2022年版）解读［M］.北京：高等教育出版社，2022.

［5］刘徽.大概念教学：素养导向的单元整体设计［M］.北京：教育科学出版社，2022.

［6］张君.美国中小学生家庭作业的若干基本问题——以哈里斯·库珀的研究为例［J］.课程·教材·教法，2014（11）.

［7］尚玉红.“双减”政策下小学道德与法治作业质量提升途径探究［J］.新课程研究，2022（3）.

［8］何碧玉.基于核心素养的小学道德与法治实践性作业设计路径探索［J］.文理导航（上旬），2021（6）.

［9］李学书.大概念单元作业及其方案的设计与反思［J］.课程·教材·教法，2021（10）.

［10］邵骁，张新宇.基于减负增效的优化学科单元作业设计与实施［J］.现代教学，2022（1）.

［11］高善文.核心素养下小学道德与法治课中党史教育的实施［J］.教育纵横，2022（8）.

［12］苏培园.优化作业设计　评价助力生长——小学道德与法治课后实践性作业的应用策略［J］.福建教育，2021（12）.

［13］肖猷莉.小学语文单元作业设计与优化策略［J］.语文建设，2022（8）.

［14］戈家萍.小学思政课教学中的“八要、三忌”［J］.科教文汇（上旬刊），2019（8）.

［15］王友艳.探究小学道德与法治作业的个性化设计策略［J］.学苑教育，2021（14）.

［16］吴碧华.指向审辩式思维的实践性作业研究——以小学中低年级道德与法治学习为例［J］.中小学德育，2020（10）.

［17］蒋华.探讨核心素养视角下小学道德与法治课实践作业设计［J］.教师，2021（14）.

［18］魏娟.核心素养视野下《道德与法治》课后实践作业的设计与应用［J］.读与写（教育教学刊），2020（12）.

［19］黄春桂.“双减”视域下小学道德与法治作业设计的优化［J］.新课程研究，2021（36）.

［20］张云平，黄志勇.新结构教学评框架：解锁思政课改革新范式［J］.教
育家，2024（9）.

［21］黄志勇，张云平.党史学习教育融入高中思政课程应把握的五个关键点
［J］.中国德育，2021（13）.

［本课题为2024年广州市教育科学规划课题，获评为广州市第三届"百个
学校思想政治理论课课题"。］

趣味盎然

——策略方法篇

　　小学思政教育在培养学生的正确观念、增强爱国主义精神和社会责任感、促进综合素质全面发展以及构建和谐社会等方面都具有重要作用。思政教学策略的探索与实践是一个持续不断的过程。作为新时代的思政教师，我们使命在身。在思政教学过程中，我们需要不断创新教学理念和方法，创设有趣味、有活力、有温度的课堂。只有这样，我们才能培养出更多具有高尚品德、扎实学识和创新能力的新时代人才。

　　在多年的小学思政课教学中，我对思政课堂中故事教学、活动教学、体验教学、情境教学、教学评一体化等做过粗浅研究，分享部分拙作与广大思政课教师共同探讨。

基于道德与法治核心素养的红色教育
单元作业设计与实施

——以广州市海珠区凤江小学五年级"百年追梦　复兴中华"
单元作业为例

《义务教育道德与法治课程标准（2022年版）》明确指出：道德与法治课程是义务教育阶段的思政课，旨在提升学生思想政治素质、道德修养、法治素养和人格修养等，增强学生做中国人的志气、骨气、底气，为培养以实现中华民族伟大复兴为己任的有理想、有本领、有担当的时代新人打下牢固的思想根基。

同时，党的二十大报告指出，要加快构建中国话语和中国叙事体系，讲好中国故事、传播好中国声音，展现可信、可爱、可敬的中国形象。有见及此，我校思政科组开展了《基于道德与法治核心素养的红色教育单元作业设计与实施研究》课题研究，在红色教育单元作业设计中，围绕党史故事开展多种形式的红色教育，养成学生政治认同的核心素养。

一、"红色教育"概念界定与目标定位

2021年1月，教育部印发《革命传统进中小学课程教材指南》（下文简称《指南》）。《指南》强调要对中小学生进行革命传统教育，植入红色基因；增强学生对伟大祖国、中华民族、中华文化、中国共产党、中国特色社会主义认同的必然要求，对传承革命文化和社会主义先进文化，培养德智体美劳全面发展的社会主义建设者和接班人具有重要意义。

红色教育是指以红色作为时代精神内涵的象征，进行爱国主义和革命传统教育。红色教育应遵循寓教于乐原则，通过上红色课程、读红色故事、看红色影

片、唱红色歌曲、参观红色基地等多样的形式进行。开展红色教育有助于培育学生的政治认同，树立共产主义远大理想，成为"五育"并举的新时代好少年。

小学道德与法治红色教育单元课程内容，主要指向于学生政治认同核心素养的培养。政治认同是指具备热爱伟大祖国、中华民族、中华文化、中国共产党、中国特色社会主义的情感，以及为中华民族伟大复兴而奋斗的志向，能够自觉践行和弘扬社会主义核心价值观。基于此，红色单元教学旨在培养学生爱党爱国的道德情感、责任意识，形成深厚的爱国情感。

我校思政教师基于小学《道德与法治》五年级下册第三单元《百年逐梦　复兴中华》内容，围绕"了解和传承红色文化"的主题，从红色文化的呈现形式、功能、传承红色文化的责任进行设计；通过设计各种实践性活动，力求在真实的任务情境中，讲好中国红色故事，实现传承红色基因、弘扬革命精神的教育目标，让学生在选择性完成单元作业的过程中提高认知能力、创造能力、合作能力，有效培养学生的政治认同。

二、五年级红色教育单元作业设计

为了更好地落实培育政治认同这一道德与法治学科核心素养目标，凸显德行，提高本单元教学的有效性，学校学科组基于教材解读，把握历史叙事的逻辑线索，设计了让学生沉浸式参与的"红色教育单元实践任务单"，让学生在了解史实的基础上，开展项目式合作学习，感悟仁人志士、先烈们的革命精神和爱国精神，继承及弘扬爱国主义精神，感悟党的英明伟大，从中获得国家认同、政治认同的核心素养。

教师根据道德与法治课程第三单元《百年逐梦　复兴中华》主题，以"传承红色基因"为大概念，设计了具有开放性、生活性、实践性的大单元作业项目——"争当新时代好少年"实践体验活动。"红色教育单元实践任务单"可分解为：阅读红色革命故事（了解）—党史故事我来讲（宣扬）—参观红色教育基地（感悟）—红色阵地我来建（守护）—争当"优秀红色宣讲员"（践行）系列，指引学生有选择性地在社会实践中了解中国传统文化及广州的革命传统，感悟党的英明伟大，从中获得国家认同、政治认同的核心素养，并对学生的核心素养综合发展情况进行评价。

［必做题］阅读红色历史故事：搜集并阅读中国近代以来重大历史事件、重要历史人物红色故事，并写下自己的感受。

［选做题］包括以下几项：

1. 党史故事我来讲：利用午读时间在本班或到低年级讲演党史故事，争取在红领巾广播站宣讲红色故事。

2. 参观红色教育基地：参观市内红色地标，进行红色宣讲或研学解说，做好记录，并写下自己参与活动的感受。

3. 红色阵地建设我来建：合作参与班级的红色宣传阵地建设。

4. 争当"优秀红色宣讲员"：申报学校"优秀红色宣讲员"。

单元作业设计整体思路见图2-1：

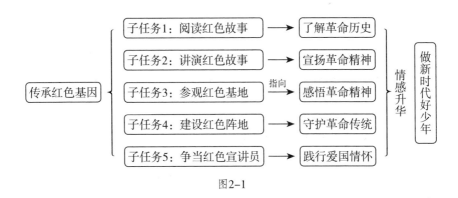

图2-1

三、红色教育单元作业实施原则

小学道德与法治课程教学应侧重于学生直接经验的习得，并且，道德的学习须在以学生为主体的真实活动中体验，才能真正转化为素养。学科单元作业设计上也应让学生在课外活动实践中体验生活的意义，提升学科核心素养。在红色教育单元作业实施过程中，需要注意以下几点原则。

（一）紧扣核心素养，践行党的二十大精神育人价值

学科核心素养是课程育人价值的集中表现。五年级下册红色教育单元明显体现道德与法治学科中"政治认同"的核心素养。"政治认同"在第三学段的目标是"简要了解中国共产党的历史和革命传统，了解中国共产党带领人民彻底摆脱了被欺负、被压迫、被奴役的命运，成为国家、社会和自己命运的主人；热爱中国共产党。初步了解中国特色社会主义的优越性。""树立维护国家统一和民族团结的责任意识。"

同时，党的二十大报告指出："中国人民和中华民族从近代以后的深重苦难走向伟大复兴的光明前景，从来就没有教科书，更没有现成答案。"这条复兴之路离不开无数仁人志士的不断探索，不断奋斗。有见及此，在小学道德与法治课堂上，探索通过作业优化设计和实施，加强党史学习教育、红色教育，培养学生政治认同的核心素养，成为课程变革和社会发展的必要趋势。

在本次作业设计与实施中，教师力求通过小组合作探究，结伴学习的形式，开展阅读红色革命故事、宣讲百年党史故事、游红色教育基地、建设中队红色阵地、争当红色宣讲员等一系列体验活动，让学生亲近百年党史，知道百年来中华民族的崛起和复兴离不开共产党人的热血奋斗，明确中国共产党的核心领导地位，坚持中国特色社会主义道路；在实践活动中，自觉践行党的二十大精神，以实现中华民族伟大复兴为己任的使命感，落实核心素养形成。

（二）设计多样活动，激发学习红色大单元热情

历史的年轮滚滚向前，当代学生生活在一个瞬息万变的环境中，他们的学习早就不限于课本内容。学生喜欢上网浏览新闻热点，阅读感兴趣的人物故事，听流行的学习素材，翻找手机视频材料，寻找感兴趣的学习资源。

因此，单元作业设计要注重学习形式的多样性，积极利用和开发各种网络课程资源。本单元作业设计就引入了全国少工委公众号学习平台"红领巾爱学习"栏目，让学生在平台上阅读更多的红色故事。平台将作业反馈纳入"争章"的积分活动，学生在获得实践成功的同时，还能完成少先队大队部的争章任务，增强探究的成就感。

如果红色文化教育活动只停留在学校，那是远远不够的。走进红色博物馆、红色教育基地，走近历史，才能亲身感受红色文化给我们留下的力量。为此，教师积极挖掘广州市内红色地标资源，在任务单中推荐了"红色之旅"经典线路，如邓世昌纪念馆、广州大元帅府旧址、广州农讲所、黄花岗七十二烈士墓、团一大纪念广场等。让学生根据个人兴趣自行设计参观线路，实地考察并拍照留念，撰写参观后感受。少先队员们纷纷迈开步伐走进红色基地，"小手拉大手"，与家人一同积极参与到红色文化研学活动中去。在部分红色基地完成任务后，学生还能获得基地颁发的研学证书和志愿服务证书。

一系列形式多样的活动，极大地丰富了红色教育形式，营造学生喜欢的学习氛围，激发学生学习红色历史的热情，并在他们心中种下了红色种子。

（三）坚持知行合一，提高学生红色宣传参与度

2021年2月，习近平总书记在党史学习教育动员大会上指出："党的历史是最生动、最有说服力的教科书"。中小学开展红色党史学习教育，既要学生明白"为何学""学什么"，又要弄明白"怎样学"。学校思政教育更需要指导学生知行统一，注重学生学习的行为体验与内心体验，积极引导小学生投入红色文化中，并化身为红色文化践行者和代言人。

因此，在设计了阅读红色故事、参观红色基地的体验活动后，教师还专门设计了建设中队红色阵地和组建红色宣传小队的践行任务。此两项践行任务让学生合作动手，向身边的同学展示所学，建设班级内的"红色教育宣传阵地"，把建设过程和成果，以图片、视频等形式展现出来；并列好目录、标题、主体、结论，形成一份完整的班级《红色文化宣传手册》。同学们在辅导员的指导下分别在学校的大队、中队、小队阵地中建设"党史队角"，创设红色阵地氛围，在耳濡目染中接受了党史学习教育的熏陶，弘扬革命精神。

此外，还充分利用红领巾广播站、国旗下讲话的形式宣讲感人的红色革命故事，增强课程实践性，实现"小手拉小手"，让革命精神深入孩子的心中，切实提高育人成效。个别五年级学生还能勇敢地在红色基地中当起"义务宣传员"，向游客介绍该基地的红色文化故事，涌现了一批优秀的"红色宣讲员"。这都极大地提升了学生的学习参与度，在不自觉中，红色种子萌芽，将红色基因注入了血液中。

（四）结合多元评价，红色教育项目成果可视化

本单元作业实施过程中，教师创设各种平台让学生展示活动项目成果，同时将多种形式的评价贯穿学习的全过程和教学活动的各个环节，不断强化评价功能，真正实现了以评促学、以评育人。

本红色教育单元作业任务单中，重视各个学习环节的表现性评价，引导学生对自己的学习过程进行有效记录。例如，阅读红色人物故事，注重指导学生结合思维导图，用批注的形式写下自己的感受，完成活动评价表；观看"红领巾爱学习"视频后，获得对应奖章，在班级里展示；组建阵地建设宣传小队，用自己喜欢的方式呈现并展示学习内容；走访红色景点，拍摄"红色宣讲"视频，申请学校"优秀红色宣讲员"荣誉称号。这些活动极大地丰富了评价的内容，提高评价的全面性，让每一项学习活动都清晰明确，具体而真实。

同时，评价真实促进学生的学习发展，通过活动争章，项目成果多样展示，不断鼓励学生参与活动，积累作业成果，加深学生的实践体验，让学生在学习活动中主动发掘自己的潜能，努力实现更高效的自主性学习。

四、作业设计评价与成效

学校道德与法治学科的"红色教育"系列活动，注重提炼《道德与法治》教材单元主题内容，站在大单元主题的背景下进行作业设计，运用多种形式的评价方式，发挥评价的激励、改善功能，促进学生知行合一。作业设计评价强调课内外联结，积极探索体验式、项目式作业类型，引导学生开展参观访问、现场观摩、宣讲服务、模拟活动等作业形式，进行自主探究与合作体验，增进了学生对国情、社情的了解，增强了爱国情感，并在社会实践活动中提升个人能力和素养。全校师生在这一系列红色教育活动中，致力于"讲好中国故事"，取得明显效果，彰显我校"活力教育"本色。

（一）素养导向，多维评价，走红色路，育学子爱国心

道德与法治课程的评价指向核心素养。"红色教育"单元学习以探究性、实践性活动为主，是课堂学习的延伸，引导学生在校园内（低年级、红领巾广播站）和校外（革命旧址、红色宣传教育基地）进行红色宣讲或研学解说的实践活动。通过收集整理—阅读宣讲—参观实践—建设阵地—争当代言等系列项目任务，让孩子们亲身参与，真正走进红色活动中，把学生课堂的所学延续到生活，增强课程实践性。

队员们沉浸在"红色教育"情境活动中，通过自评—小组评—家长评—教师评等多种评价方式检验学习效果，改进学习方式方法，从而发挥评价的引导作用。同时，评价维度不单看学习成果，更为注重学生学习过程的收获和感受。学生在查找红色革命故事、宣讲红色故事、走访红色基地中了解到近代中华民族的抗争历史，感悟到民族英雄的革命精神，培养了思维能力和动手能力。学生也在传承红色基因过程中，不断回顾过去，感念美好生活的来之不易，在校园、家庭中形成珍惜当下美好生活的共识，传播正能量，创建良好的社会氛围。

（二）促进教师"提质减负"思维，以科学统整方式开展文化传承研究

"双减"政策落地，对于教师来说是一种全新的挑战。学科作业设计既要"减负"又要"增效"。习近平总书记谈到"坚持主导性和主体性相统一"时提醒："教师要做好画龙点睛工作，加强引导和总结提炼。"

我校道德与法治科组教师以红色教育专题为例，教研先行，集体备课，研读教材及《义务教育道德与法治课程标准（2022版）》，从作业内容、作业类型、作业载体、作业周期、学生兴趣、难度结构等方面进行深入钻研，依据学校学情，多元化、科学化设计大单元学习任务单，把做作业的过程变为学生自主学习、个性化学习、深度学习的活动过程。在这个过程中，教师的科研能力、单元统整能力得到提高，创新了文化传承教育的新方式。

春风化雨，其乐未央。如今，大中小学校思政课堂内外，内容新颖、形式活泼的教育活动越来越丰富。广大思政教师需用好红色故事的"盐"，设计基于大单元的作业，讲出历史的"味"，把新时代精神讲深、讲透、讲活，为青少年打好精神底色、夯实人生红色根基。

参考文献：

［1］中华人民共和国教育部制订.义务教育道德与法治课程标准（2022年版）［M］.北京：北京师范大学出版社，2022.

［2］何碧玉.基于核心素养的小学道德与法治实践性作业设计路径探索［J］.文理导航（上旬），2021（6）.

［3］高善文.核心素养下小学道德与法治课中党史教育的实施［J］.教育纵横，2022（8）.

［4］苏培园.优化作业设计　评价助力生长——小学道德与法治课后实践性作业的应用策略［J］.福建教育，2021（12）.

［5］冯建军.义务教育道德与法治课程理念［J］.课程.教材.教法，2022（5）.

［本文为广州市教育科学规划课题《基于道德与法治核心素养的红色教育单元作业设计和实施研究》（课题编号：202316118）成果之一。］

运用故事教学法，提升小学低年段
法治教育实效

古人云：阅读足以怡情，足以傅彩，足以长才。近年来，广州市大力开展书香校园活动，这使我们看到一个有利于法治教育的契机，即在小学低年段（一年级和二年级）的道德与法治的教学中，利用故事教学法促进学生法治意识、法治习惯等的养成，以此提升法治教育的实效。

统编版小学《道德与法治》教材在强化意识形态、国家安全的同时，特别强调学生道德规范和法治意识的培养。教材其中一个重要特征就是大量运用了故事元素，在正版和副版面中都有大量插图构成故事。故事中包含大量中华优秀传统文化的元素，同时也有不少与法治教育主题相关的内容。引导小学生通过故事来了解法律知识，培养法治观念，这样既调动学生的积极性，也增加学生的法治体验，提升法治教育的实效性。

一、小学低年段法治教育的目标定位

目前的法治教育还不够健全和成熟。按照《青少年法治教育大纲》的要求，推动法治教育对于教育工作者来说，还是任重而道远。关于学生在法治意识方面，现行课程标准中有明确的要求。课程目标要求教师在情感、态度、价值观方面，帮助学生建立规则意识和法治观念；初步树立民主意识，崇尚公平与公正。

所谓"法安天下，德润人心"，因此，我们明确了小学阶段的法治教育目标，其设定不只是让学生停留在单纯的法律知识和规则条文的简单识记上，而是要以道德为基准，将法律的规范作用和道德的教化作用相互融合，以此来促进小学生树立起良好的道德意识和法治观念。"德性"和"法治"这两个核心双向渗透、相辅相成，共同完成"立德树人"的育人任务。

二、关于故事的选取

听故事、读故事和讲故事的教学方式，顺应小学低年段学生的年龄和心理特点，可收到一定的正面提升教学实效的作用。与语文课和英语课上的故事教学有所不同，道德与法治课堂上引入故事教学，故事本身并非教学的主要素，而故事的选择及用故事的方式也存在不少技巧。

适合小学生阅读的故事种类繁多，如绘本故事、生活经验故事、英雄模范故事等。顺应当今时代发展的趋势，优秀的动漫故事资源丰富，在小学教学时，教师也可考虑选用适当动漫故事以丰富教学。

在故事教学过程中，首要的是选择合适的故事。唯有贴合法治教学目标，且具积极教育意义的故事，才能真正起到加深理解、强化影响的正向推动效果。故而在选取故事方面，需注意以下三点。

（一）故事要适合学生特点

在选择故事前，先要掌握小学低年段学生的心智发展特点：他们有好奇心和模仿欲，却难以长时间集中注意力。所以在引入故事对低年段学生进行法治课程教学时，需注意选取情节不能过于复杂的故事；同时呈现故事的时长一般控制在3至5分钟之内讲完的最为适宜。因为情节过于复杂和时间过长，小学生的记忆效果就会降低。

（二）故事要契合法治教学目标

道德与法治课程目标不是传授理论知识，而在于向学生传递一定的道德和法治方面的观念，让学生建立起崇尚美德、建立良好的法治意识，最终指导和规范学生的行为习惯。所以在运用故事教学法进行低年段的法治教育时，在借用课本故事、巧用绘本故事、展示生活故事、渗透哲理故事、引入童话故事时，所选故事一定要契合法治教学目标。故事或来源于学生的真实生活，或作适当情景改编，使故事具有比较强的生活感，以使学生产生共鸣，引发其中蕴含道理的思考和理解。

（三）故事设计和呈现应注意"三性"

故事教学中应注意故事设计和呈现体现趣味性、典型性和创新性。《道德与法治》教材中有许多插图和故事，体现了以学生为本的理念以及社会主义核心价值观。教师巧加运用具有趣味性和典型性的故事，在呈现方式上有所创新。运用故事教学法，通过故事的"三性"，能架起学生与教材之间的桥梁，帮助学生融入生活，在生活的情境中更好理解和接受法治教育。

三、小学低年级法治教育中故事教学的范式

在运用故事教学法时，首先，在故事选择上需围绕主题甄选或改编长度合适的内容；其次，在讲故事后需结合生活引出探究的话题；最后，引入故事是为了引导学生进行道德思辨，进而指引他们的行为。

经过摸索，课题组构建了基于故事教学法的"4S"小学道德与法治教学理念：即教师通过引导学生发现（Search）、筛选（Select）、探究（Study）和解决（Solve）问题；总结出以下适合小学教学实际的教学流程："呈现故事，发现问题—代入角色，筛选话题—探究生活，德法思辨—解决问题，践行法治"。故事教学法教学流程图如图2-2所示。

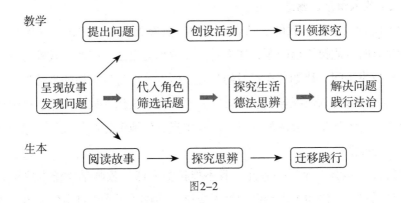

图2-2

（一）呈现故事，发现问题

故事运用到教学的各个环节中，无论是在课前导入、课中深化，或是课后延伸环节，都讲究一定技巧。有趣地呈现故事，方能起到很好的辅助作用。当前教学信息技术发展迅速，教学方式也更加丰富、灵活。在课堂中引入故事，传统人手一本的纸质书籍较难实现。现时网络上绘本资源比较丰富，教师可以从网络下载合适的故事短片或动画。除选用网络资源外，教师也可以自己下载、改编、制作能够展示故事内容的幻灯片，或是以微课形式录制故事，在课堂上向学生展示。相比起纸质故事书，呈现故事时运用多媒体手段展示，图文并茂、声像丰富的形式，也更容易调动课堂氛围以及学生的阅读兴趣，从而提升课堂教学的效果。

故事呈现方式多种多样，如故事动漫、故事改编、法兰绒板故事讲法、木偶

剧场、角色扮演、创作故事绘本等。教师可以学习和选取适合的方式用以呈现故事，丰富和延伸学生的阅读。

由于低年级的学生年龄小，不可能一下子发现故事中存在的法治问题，那教师就需在教学中善于创设故事情境，在学生熟悉的生活情境中启发其对法治问题的发现，更好地引领低年段学生透过主题探讨和延伸活动教学，内化许多社会化的替代经验，发现生活情境中的问题，学习理性地解决问题，借此帮助学生健康成长。如执教二年级上册《这些都是大家的》第一课时，教师创设了"公物吐槽大会"情景剧。学生看着表演很感兴趣，能迅速感知学校公物的"现状"，发现了生活中往往容易被他们自己忽视的问题。原来学校的公物正受到一点一滴地破坏，原来自己不经意的动作就成为破坏公物的"凶手"。这样才能为下一环节反思自己平时的行为做好铺垫，帮助学生树立如何正确对待公物的价值观。

（二）代入角色，筛选话题

学生阅读故事后，教师要结合学生的生活经验引入话题，引导探究。低年级的学生有时可能提不出问题，那么就需要教师提出法治问题。教师可以围绕目标、结合故事提问，比如"在平时的学习生活中，你见过类似的事情吗？""如果是你，遇到这样的情况你会怎样做？"等，让学生代入故事角色对接生活经验进行思考。对于学生发散性的发言，教师要有意识地聚焦有关教学目标的话题，围绕重点开展活动。

如设计一年级下册第一单元《我不拖拉》一课，教师采用绘本故事《拖拉鬼的生日派对》，讲述了多纳因为做事拖拉，导致办不成生日会的故事。为了引导学生感悟拖拉带来的后果，教师在讲述故事的时候，不断引导学生代入角色，"假如你是多纳，你因为拖拉导致蛋糕烤煳了，买不到气球了，心理感受怎么样？"学生在代入角色的过程中不断思考拖拉给生活带来的影响。教师在讲完绘本故事后还通过绘本故事引导学生讲述自己的故事："你有没有出现这样的情况呢？当时你的感受是什么？"学生在绘本故事的引导下打开了记忆的闸门，从多纳的经历中回望自己生活中曾有的经历，思考拖拉带给自己生活中的种种不利，从而激发改变拖拉的坏习惯，树立正确的时间观念，培养自己的程序意识和规则意识。

又如教学二年级下册第二单元《安全地玩》时，教师先向学生介绍了漫画人物"游戏王"安安，又联系校园生活创设了安安在课室和同学玩木头人游戏，因不注意安全扭伤了脚，需要在家全休一周的故事。正当同学们感同身受时，教师问道："游戏是开心的，可究竟是什么原因让他们失去了笑脸呢？谁知道？"这就打开了学生的话匣子，纷纷讲述了自己对游戏时间、游戏地点和游戏方式的不同看法，调动了学生学习怎样安全地玩的兴趣。

（三）探究生活，德法思辨

对小学低年级学生来讲，抽象的规则和深奥的法律是很难理解的。而以学生熟悉的生活为切入口，搭建学校、生活与法律三者之间的桥梁，则会让学生更容易感知规则和法治的重要性。所以，阅读故事后，我们都会结合学生实际生活精心设计若干思辨性问题，引导学生通过两难选择、小组思辨、续编故事等形式，以达到在道德和法治两方面自我教育的功效。

同样以《安全地玩》教学为例，随着故事情节的推移，教师结合教材中的故事《捉迷藏》，通过多媒体技术向学生出示动画安安和壮壮在家玩捉迷藏躲进衣柜的情景故事，让学生发现这一居家玩耍行为的危险性。然后通过配音辅助引导学生思考：安安提醒的话有道理吗？玩捉迷藏游戏可以藏在哪里呢？从而唤起学生审视危险行为，引发对玩耍安全的进一步探讨。学生通过联系生活经验和小组探究分享，不难明白居家玩耍同样要遵守安全第一的规则，提高安全意识和规则意识。

在故事教学中，为了更好地让故事情节和学生生活经历融合，还可以采用留白法——续编故事的形式。教师在讲述故事时，可按教学需要只呈现某一部分的故事片段，留下故事结局、人物命运、主角选择等悬念，让学生通过续编故事的形式，思考人物不同选择所带来的不同命运或结局。如执教二年级上册《大家排好队》一课时，教师改编了一个安全小故事：妈妈带着双胞胎姐弟欢欢和熙熙坐地铁去长隆动物世界，在站台人多等车的情境下，心急想快点上地铁的姐弟俩会怎样做呢？会好好排队还是利用小身材巧妙插队、向前挤？不同选择的续编，能反映出孩子面对生活情形的不同倾向和做法；而教师用技巧引出不同的故事结局，则让孩子清楚看到遵守社会秩序和规则的重要性。

（四）解决问题，践行法治

在学生原有生活经验的基础上，解决问题，践行体验是法治教育的关键。同样，让学生从小知法、懂法、培养法治观念、规则意识，并从内心认同、践行，便是法治教育的根本。教师在设计教案时，可尽量在课后环节布置相关主题的践行体验任务，让低年段的学生和家长完成亲子活动，并在活动中践行体验，巩固所学。

如教学一年级下册第三单元教学《家人的爱》一课的最后环节，教师让学生听《奶奶的孤单》音频，向学生渗透《中华人民共和国老年人权益保障法》，让孩子们明白尊老爱老不仅是我们的传统美德，老年人的权益还受到国家法律保护。课后延伸环节，教师布置了"贴心宝贝"行动任务：为家里的长辈们做一件力所能及的暖心事。借着"贴心宝贝"行动卡，让孩子们在原有生活基础上，践行所学到的新方式去表达对长辈们的爱，实现了从知道道理到实践行动。

再回到《安全地玩》一课的教学中，在教学最后环节通过漫画角色"安安"对学校"安全监督员"进行了歌颂，让学生明确守规则、保安全是《中小学生守则》的要求，并提出课后任务：让学生们做校园安全的有心人，发现身边的危险并记录下来，一起来评选"小小安全督察员"。通过教育引导学生依法行使权利、珍惜自身合法权利、加强自我保护意识，同时培养学生敢于同违法违规行为做斗争，从而巩固学生的安全和规则意识。

四、结语

经教学实践证明，"呈现故事，发现问题—代入角色，筛选话题—探究生活，德法思辨—解决问题，践行法治"的"4S"故事教学范式，把故事作为贯穿课堂的组织线索，用故事引起法治教育的话题和学生探究兴趣，并在课后活动中践行法治体验，能提高小学低年段法治教育的实效性。

参考文献：

［1］周凤.中华传统美德故事融入小学低段课堂教学的途径与策略——以小学低段道德与法治和语文课堂教学为例［J］.小学教学研究，2019（24）.

［2］王爱芳.小学道德与法治故事教学创新设计［J］.小学教学研究：教研版，2018（2）.

［3］王蕾.浅谈故事教学法在小学道德与法治课堂中的运用［J］.教育观察，2017，6（24）.

［本文为广州市小学品德学科科研课题《运用道德故事，提高小学低年段法治教育有效性的研究》（项目编号sxp2018053）的研究成果之一。］

基于内容分析法的小学低年段法治
教育问题探析

党的十九大报告中指出，要坚定不移走中国特色社会主义法治道路，深化依法治国实践。全面依法治国是国家治理的一场深刻革命，必须坚持厉行法治，推进科学立法、严格执法、公正司法、全民守法。由此可见，法治在当今社会的重要性。

《中央宣传部、司法部关于在公民中开展法治宣传教育的第七个五年规划（2016—2020年）》中提出："坚持从青少年抓起，把法治教育纳入国民教育体系，引导青少年从小掌握法律知识、树立法治意识、养成守法习惯……切实把法治教育纳入国民教育体系，制定和实施青少年法治教育大纲，在中小学设立法治知识课程，确保在校学生都能得到基本法治知识教育。"2016年，中共中央办公厅、国务院就已联合印发了《关于加强和改进新形势下大中小学教材建设的意见》，要求小学阶段品德课程改名为"道德与法治"，强调道德教育与法治教育要相结合。课程更名凸显了法治教育的重要性，将法治教育提到了和道德教育同等重要的位置。

一、法治教育概念明晰

在日益讲求法治社会的大时代背景下，义务教育阶段对于法治教育的要求也不断提高。而法治教育对于小学生的成长有着十分重要的意义，能够引导小学生形成健康的人格，从小养成知法、懂法、守法的良好公民意识。

新的《道德与法治》统编教材，在强化意识形态、国家安全的同时，特别强调学生道德规范和法治意识的培养。但因新教材出版使用时间尚短，一线教师在使用上还存有不少困惑。如何通过统编教材进行法治教育是很多教师亟须解决的问题。为此海珠区品德学科特别成立了课题组开展《小学低年段法治教育的实效性探究》的"十三五"规划课题研究。

经过大量文献阅读，我们认为小学法治教育是指学校根据小学《道德与法治》课程和《青少年法治教育大纲》的要求，有目的、有组织地对学生进行法治观念培养、规则秩序以及遵法守法行为习惯养成的教育，包括法治知识、法治思维和法治能力三个方面的目标。

二、小学低年段法治教育的调查分析

（一）研究对象

2018年11月课题研究的初始，我们采用整群抽样方式，对海珠区七十多所公立及民办小学品德科任教师发出《小学低年级法治教育的课堂教学教师问卷》，了解教师对在小学低年级开展法治教育的认同度、认知度、开展情况和困惑问题四个维度的状况。

（二）研究方法

课题组借助问卷星软件发出问卷，对340份教师调查问卷的信息内容加以归类统计，并采用SPSSAU在线软件进行了定性和定量的分析。问卷的信度系数值为0.88，符合测量要求。通过问卷调查，我们以期发现本区一线教师在开展低年段法治教学教育上的难点和困惑，并结合近两年海珠区品德教研情况，对小学低年段法治教育提出相应对策和建议。

（三）分析维度

1. 以教师视觉，研究海珠区法治教育开展的状况；

2. 总结海珠区小学低年段法治教育所取得的初步成效，并探索整理存在的主要困难；

3. 围绕法治教育存在的问题寻求提升教育实效性的对策和建议。

（四）研究结果与分析

新教材使用只有两年多的时间，法治教育还不够健全和成熟。从问卷数据分析，我们对海珠区品德教师法治教育教学情况做出以下三点分析和判断。

1. 教师对课程转型和课程标准理解的偏颇。

虽然目前品德课程的课程标准没有改变，但课程用书名称从低年级的《品德与生活》和高年级的《品德与社会》转变为《道德与法治》后，不少教师对课程关注的重点和理解自然转换到道德教育和法治教育上，更会关注和以往不同的"法

治"名称上。从表2-1可以看出，一线教师对课程转型理解得还不够透彻，合计
44.71%的教师自认为对本年级《道德与法治》课程中法治内容的了解程度不高。

表2-1

了解程度	法治目标	法治内容
十分了解	5%	5.88%
比较了解	46.18%	49.41%
一般了解	44.71%	40.29%
不太了解	4.12%	4.41%

虽然有过半数教师自认为对法治教育目标与内容较为了解，但从表2-2可
知，教师对法治教育应包括的内容仍然是理解得不全面的。说到"法治教育"，
不少教师会认为等同于"法制教育"。于是在课堂教学上会专门安排环节讲解法
律法则条文等，以突显"法制"味道。其实这是对"法治教育"理解上有所偏颇
而造成的，这自然会对课程的实施产生影响。

表2-2

选项	小计	比例
法治观念和法治思维	274	80.59%
规则秩序意识	315	92.65%
尊法守法的行为习惯	315	92.65%
法治知识	204	60%
法治能力	151	44.41%
其他项	4	1.18%
本题有效填写人次	340	

2. 教师缺乏法治教育的经验和有效方法。

目前在小学低年段实施法治教育的过程中，有22.94%的教师认为最大的困难是
缺乏教育的经验和方法（见表2-3）。

表2-3

选项	小计	比例
教学课时难于保证	42	12.35%
学生年龄小，难以理解法治问题	181	53.24%

续 表

选项	小计	比例
教师自身法律知识薄弱，难以胜任	39	▬▬▬▬ 11.47%
教师缺乏"法治教育"教学方法	78	▬▬▬▬▬▬ 22.94%
本题有效填写人次	340	

经"知网"数据库搜索国内相关文章和研究现状，发现法治教育研究多见于高校，在小学阶段教学中应用的文章少之又少，只有文献资料50篇（统计数据截止到2019年4月）（见表2-4）。研究也只是大致指出了法治教育在小学阶段开展的必要性和重要意义，法治教育开展的难题和对策，缺少实际操作方法或极具推广价值的成果，仍需要深入研究。

表2-4

关键词检索	法治教育			小学道德与法治			小学道德与法治法治教育		
	期刊	硕博	小计	期刊	硕博	小计	期刊	硕博	小计
2015	237	27	264	0	0	0	0	0	1
2016	293	49	342	7	0	7	6	0	11
2017	353	45	398	37	6	43	10	1	21
2018	332	47	379	138	6	144	26	1	28
2019	83	–	83	51	0	51	6	–	6
合计	1298	168	1466	233	12	245	48	2	50

人们对新生事物的认知都有熟悉的过程，对新统编教材亦是如此。没有前人指路，缺乏有效的法治教育教学方式方法，让许多一线教师为之苦恼困惑。为了更好地把握新教材，实施课程大纲和法治教育大纲的要求，对法治教育实效性的研究就显得尤为重要。

3. 教师自身的法律知识储备不足。

我区品德科任教师多是由语文教师兼任，鲜有专职品德教师。语文教师的专业背景是汉语言文学，不少教师对相关的法律法规条文等也只是知晓，甚至是一知半解，而非专业法律人士的精通层次。同时，品德课任课教师由于是兼任教师，平时很少研究道德与法治课程的教学，遇到困难只简单归结于小学生年龄小，不少法治问题难以理解，而鲜少从自身进行反思，导致教师不知该如何在教学中贯彻法治教育（见表2-5）。

表2-5

选项	小计	比例
良好	91	26.76.59%
一般	192	56.47%
不足	55	16.18%
不清楚	2	0.59%
本题有效填写人次	340	

三、小学低年级法治教育教学的思考与建议

我国还处于社会主义初级阶段，开创具有中国特色的社会主义法治教育的任务还具有长期性和艰巨性。按教育部、司法部、全国普法办联合印发实施《青少年法治教育大纲》要求，推动法治教育纳入国民教育体系，须提高法治教育的系统化、科学化水平。现行课程标准关于学生在法治意识方面有明确要求。课程目标要求教师在情感态度价值观方面，帮助学生建立规则意识和法治观念；初步树立民主意识，崇尚公平与公正。

根据法治教育的特点和上述要求，以及我区教师在法治教育教学中的困惑问题，我们有以下三点思考与建议。

（一）加强教师培训，提高教师对法治教育课程标准的理解

据统计，近两年来本区品德学科增加了有关法治教学教育的专题教研活动，形式主要有教材分析、主题课例和专题讲座。但是由于课程实施时间短，培训任务重，所以法治教育的专题培训未能形成系列，这也导致了任课教师对法治教育课程目标与内容理解不到位。下一步应该根据课程目标对法治教育专题加强研究和培训。

课题组根据品德课程标准要求和《青少年法治教育大纲》的相关内容，对一、二年级统编版《道德与法治》课程教材进行梳理，细化和分解教材中每个单元的"道德教育点"、"法治教育点"和具体单元目标，形成"单元任务单"以供一线教师在教学中使用。同时梳理和确定与小学生规则意识、法治意识和法治知识相关的主题与内容，完成系列的教学设计，为后期法治教育教学范式的研究和推广提供具体支持。基于品德课程标准，在今后本区公开展示的课例中将进一

步落实小学法治教育的目标要求。

除课例研究外，我区品德教研会近期成立了专门的"道德与法治教师培训讲师团"，做好教师培训工作。希望通过名师引领，以主题讲座、课例观摩、名师工作室等多种形式宣传各年级法治教育相关的知识点，帮助教师把握教材的重点和难点等，进一步提升学科教师法治教学的能力和水平。

（二）加强对小学低年级法治教学方法的研究

法治教学要遵循儿童认知发展规律和教育教学规律，联系学生的生活经验，将法治知识、能力与情感、态度、价值观的培养有机结合。在低年级道德与法治课堂中，着重开展法治教育实效性研究，能较好地解决一线教师只懂讲法规条文，将儿童生活与法治教育内容相对割裂的问题，力求突破法治教育的认知难点。以人教版小学道德与法治一、二年级统编教材内容为例，教师可以优化选择适合的教学方式，内化学生个体的法治意识，逐步培养和强化学生的知法守法行为习惯。通过公开课例展示，可进一步让品德科任教师更为清晰并掌握法治教育教学方法的运用。

1.故事教学法。

小学生对直观的图片、画面和故事比较感兴趣。教师应该把握这一特点，利用好新教材中的正副版故事元素及传统经典的道德故事等，引导小学生通过图片或故事来了解法律知识，组织学生理解故事从而增加对规则或法律的理解，这样既调动学生的积极性，也增加学生自己的规则意识和法律体验。

如教学统编版《道德与法治》一年级下册第三单元《家人的爱》一课，教师等学生阅读《孔融让梨》这一传统道德故事后，问道："你们喜欢故事中的孔融吗？"孩子们天真向善都会喜欢小孔融。紧接着教师让孩子们拿出准备好的家人照片，说说家人相亲相爱的故事，引导孩子发现日常生活中家人之间的爱，使尊老爱幼的话题自然推进。

2.角色体验法。

体验式教学提倡让学生在实践中自己去体会、去消化个中的道理。教学过程中，注重发挥体验的价值和作用是非常重要的。创设情景，具有明显的目的性，且创设的情景具有较浓的情感色彩，以达到动情明理的作用。

例如，在上二年级《讲文明　守规则》一课前，教师可以先开展人人体验"值日班长"和"卫生监督员"的活动，让参与的学生能亲身体验，通过角色互换，明白讲文明、守规则对班级建设的重要性，让学生在体验活动自我成长，从而增强学生的规则观念和集体意识。

3.情景教学法。

对小学低年级学生来说，抽象的规则和法律概念都难以理解。以学生熟悉的生活情境为切入口，搭建学校学习、家庭生活与法律常识之间的桥梁，则会让学生更容易感知规则和法治的重要性。如一年级上册《上学路上》一课，教师可以拍摄学生上学路上的真实情景作导入，看着车水马龙的路口或人潮如涌的地铁站，学生自然明白安全和遵守交通规则的重要性，明白破坏公共秩序的危害。

情景教学的最终目的是指引学生的日常行为，让课堂走向社会。如果脱离了生活，教育将变得毫无意义。在教学当中，教师应多方面加强法治教学与学生生活的联系，与社会生活的联系，创设开放的教学情景，帮助学生将他们的视野投身到社会生活的广阔范围，将他们思维的领域伸展到人类活动的所有领域。

4.活动式教学法。

活动式教学则是在教学过程中建构具有教育性、创造性、实践性的学生主体活动为主要形式，激励学生主体参与、主动实践，提倡让学生在实践中体会、消化个中道理。让学生从小知法、懂法、培养法治观念，并从内心认同、践行，便是法治教育的根本。在设计教案时，教师可以在课后环节布置相关主题的践行任务，让学生和家长在完成亲子活动中践行体验，巩固所学。

在教学《家人的爱》最后，教师布置了任务：回家后用自己新学会的表达方式，为家中长辈做一些力所能及的事，如烧一道菜、为长辈按摩、帮忙做家务活等，以表达自己的爱。借"贴心宝贝"行动卡，在原有生活经验基础上，学以致用，践行学到的新方式、新方法去表达对家人的爱。

（三）将法治教育融合在学校德育和家庭教育中

学校需要提升法治教育层次，将其与学校德育工作、不同学科教学相互渗透、融合，力求将法治教育实现从法律常识教育过渡到法治思维的培养。当然，我们需要重视品德课堂之外的教育实践机会，例如，结合少先队雏鹰争章活动，在班级里也设立一定的奖励机制，学生完成一项实践活动后能根据表现争取到"守法小公民章""维权小卫士章""普法小能手章"等。以激励学生促进规则意识和遵纪守法行为的内化，真正实现道德与法治学习的知行统一。

近年来，我区大力开展法治进校园活动，如要求各校邀请法治副校长或法律顾问为全校师生上一堂法治课，重点宣讲宪法法律以及未成年保护、预防犯罪的相关法律法规知识；开展"学宪法 讲宪法"演讲比赛、宪法日宣誓、宪法晨读等的系列活动；不同阶段则要求开展有关禁毒、网络安全、交通安全、普法教育等相关主题讲座或活动。教师需以此为契机，组织学生积极参与法治进校园的活动，不断增强学生的法治观念和法治意识，掌握一定的法律法规知识，提高规则意识和辨别能力，以提升法治教育的实效。

毫无疑问，家庭教育也是学生法治教育的一大助力。特别对于低年段学生来说，在父母监管下，通过约定、劳动、亲子活动等方式，可以进一步培养孩子的规则意识和规则养成。任课老师可以开展相应的课后延伸活动，让家长能够参与评价，督促和协助学生完成任务。

新教材，新时代，小学法治教育同样是一个新命题。这不断促进我们在课堂教学中要不断探索，加强培训，更新教学观念，根据新课标理念去实践小学低年段的法治教育。让品德课堂教学回归生活、依托情境和活动，注重学生体验，将教学和学校德育相融合，真正提高小学低年级法治教育的实效。

参考文献：

[1]《中央宣传部、司法部关于在公民中开展法治宣传教育的第七个五年规划（2016—2020年）》[EB/OL].[2016-04-18].

http://politics.people.com.cn/n1/2016/0418/c1001-28282272.html.

[2]教育部，司法部.青少年法治教育大纲[S].人民网，2016-07-20.

[本文为广东省教育研究院教育研究课题《基于课程标准的小学低年级法治教育课堂教学范式研究》（项目编号GDJY-2019-A-df05）的研究成果之一。]

对品德课堂中情景教学的行动研究

随着新课改的逐步深入，对品德课教学提出了更高的要求。如何更好地突出学生的主体地位，激发学生的学习兴趣、求知欲望和培养创新精神，是我们期待解决的重要问题。实践证明，创设丰富多彩的教学情景是提高课堂教学效率，培养学生能力的有效途径。

在教学过程中，教师根据一定的教学要求，有计划地使学生处于一种类似真实的活动情景之中，利用其中的生动场景与教育因素综合地帮助学生理解，并使学生得到教育与发展。

一、对情景教学的概念界定

情景教学思想的产生源远流长，在我国和西方的教育史上都有这方面的记载。我国古代著名教育家孔子主张"相机教学"的著名论断，以及孟母"断织教子"的故事都是我国古代情景教学的典型范例。在西方的教育史上，起源于二十世纪九十年代，现广泛运用于各个学科的教学领域。情景式教学既是现代化教育的必然发展，也是改变课本面貌的一个结构要素。

从概念上来讲，所谓情景教学，就是为达到既定的教学目的，根据教学内容和学生特点，引入或创设与内容相适应的教学情景，让学生置身于特定的教学情景中，引起学生的情感体验，激发学生思维，使其积极、主动参与教学活动，提高教学实效。

情景教学法突破了以往原始教学中"灌输式"教学的框框，将"情"与"境"融为一体，驻足于学生学习的兴趣、情绪、情感体验、美感等方面，让学生产生学习、求知的欲望，主动去探讨、去学；使学生听其言，入其境，动其情，激发学生的学习热情，真正让学生成为课堂的主人。

二、小学品德教学情景创设

小学品德教学情景的创设可从以下几方面入手。

（一）用生动简练的语言描述情景

众所周知，教师的语言不仅是实现教学目标的重要手段，而且也是完成教学任务的有效工具。在教学中，教师用生动、准确、简练的语言传递信息，渲染课堂气氛，激发学生的想象力，引起其内在情感的共鸣，能获得更理想的教学效果。如在讲述近代中国的百年屈辱时，对帝国主义的侵略、清政府的腐败，教师语言表达中，就突显出激愤之情；再如祖国面貌巨变的教学中，我们应以激昂豪迈之情，点燃学生的民族自豪感和对社会主义的热爱之情。当然，在教学语言的情感把握上，我们切忌走另一个极端，即无病呻吟、矫揉造作。

（二）用角色表演体味情景

课堂教学中，角色表演能把抽象的内容转化成直观情景，更能让学生产生身临其境的感觉。如在《民主选举》内容中，教师设置情景让学生进行角色表演："外国人""未满18周岁的人""被剥夺政治权利的人""满18周岁，没有被剥夺政治权利的中国人"，让其他同学断定这些角色中，哪些具备选举的资格。表演的学生积极性很高，其他的学生感到新颖，课堂气氛十分活跃，教师因势利导，开展"竞选班长"的活动，加深学生对教学内容的理解，增强学生参与意识，发挥学生主体作用，取得了良好的效果。

（三）用声像资料激活情景

现代化教学手段多以动感图像传递教学信息，这比文字材料更富吸引力，更容易调动学生的多种感觉器官参与学习和思维，也更容易集中他们的注意力。现代科学试验也证明，学生在一段时间内，各感官获得的知识多少是不等的。它们的比例是：视觉占83%，听觉占11%，嗅觉占3.5%，触觉占1.5%，味觉占1%。视觉和听觉获取的知识达94%之多。另一试验还表明：信息的展示如果是纯视觉，学习时注意力的集中率是83.7%，而信息的展示如果是纯听觉的，注意力的集中率只有54.6%，以上数据说明，视听结合所接受的信息量和记忆度都超过单项感官接受的效率。因此，积极采用现代化教学手段，会使学生更易掌握和理解所传授的知识。

因此，创造情景时，用好相关的声像资料，是辅助教学十分有效的手段。如讲述"一国两制"时，回放香港、澳门回归时的场景，必然能激发学生热爱祖国的万丈豪情；再如学习"只有社会主义才能救中国"时，用大量的声像资料再现我们党革命奋斗的岁月，一定能收到理想的效果。

（四）以活动拓展情景

人的情感必须经过主体的积极活动才能得到升华，能力也才能得到提高。在教学中知行统一是品德教学的又一个重要原则，它不仅要求让学生树立正确的观点，并进而转化到自身的实际行动中。如在教学《友爱残疾人》时，有教师让学生单手完成戴红领巾、绑鞋带等任务，让学生亲身体验教材中残疾人的生活日常。另外，让学生进行社会调查，并提出相应的改进措施。在调查的基础上写出报告，既能培养学生责任感，又能提高实践能力。

（五）巧设问题情景，提高学生学习能力

著名教育家陶行知先生说："先生的责任不在于教，而在于教学生学。"创设问题情景，就在于提高学生自学能力，培养学生的创新精神。问题不仅应是教学的开端，而且应贯穿于整个教学过程。问题不仅是激发学生求知欲的前提，而且还是学生理解和吸收知识的前提。知识只有围绕问题展现出来，才能很好地为学生所理解和接受，从而内化为能力和觉悟。如在学习"对外开放"时，教师列举某些事例比喻为"狼来了"，从而设疑"狼来了，我们怎么办？"然后由学生分组讨论，共同完成这一热点问题的探究。学生课前精心准备，课堂上唇枪舌剑，表现出极高的参与热情，学生辩论以后，教师没有直接下定论，而是再组织学生围绕"对外开放中我们该怎么办"这一问题进行讨论，让学生用所学的基本理论、方法去认识、分析和解决特定问题，并在问题的解决过程中巩固、发展理论，提高了学生的思维能力，构建了自己的知识体系。

当然，情景创设的方法是多种多样的，但不论用什么样的形式，其目的都在于更好地为内容服务。教学中我们要杜绝内容和形式脱节，少些教学表演，少些表面文章。作为课堂教学的组织者和参与者，我们如何根据教学内容的需要，采用多种形式，巧设情景，就显得至关重要。

三、"情景—探究—感悟—行动"教学模式在教学中的运用

我们在日常教学中作过一些探索，也借鉴美国学者大卫·库伯教授在20世纪80年代提出的体验学习圈模型，希望能将情景教学建模。体验学习圈是将体验学习过程分为四个连续循环的阶段，即具体体验、反思观察、抽象概括和行动应用。我们在情景体验教学中尝试运用四阶段的模式，下面就浅谈"情景—探究—

感悟—行动"的四环节教学模式在教学中的运用。

（一）创设真实的生活情景是课堂情景教学的先决条件

创设情景的方式方法多种多样，如前所述，教师可以用生动简练的语言描述情景、用角色表演体味情景、用声像资料激活情景、以活动拓展情景、巧设问题情景。只有通过合适的方法创设一个真实的情景，才能建构一个让学生获取直接经验的途径。

1. 巧妙地设置真实的生活情景，架构课程与儿童生活的联系，才能让课堂变得对儿童有意义。

王海霞老师执教苏教中图版《品德与社会》三年级下册《我们共同的家》，教学重点是了解我国幅员辽阔，民族众多，是个温暖的大家庭。

在教学导入时，教师先播放歌曲《大中国》，营造氛围。以课件出示（中国四川），然后进行情景描述：你们一定还记得，2008年5月12日下午2点28分，在四川发生了8.0级大地震。地震发生后，人们从四面八方赶来，让四川的兄弟姐妹们感受到了祖国大家庭的温暖。"一方有难，八方支援"，因为我们有一个共同的家——中国。

创设适宜的教学情景，能淡化课堂的教育痕迹，激发积极的情感体验，让教学达到事半功倍的效果。教师考虑到中国家庭的广博内涵和独特人文，把它放在了"汶川大地震"的情景中。一下子，就把学生带入了情景中，同时也唤起了学生的感知：祖国是个大家庭，家的力量大！

在教学过程中，教师始终不离开"四川大地震"这个情景，充分发挥了情景在教学中的价值。教师通过人们从四面八方到达区的距离引导学生感悟"距离之远"，从救援人员所带的行李物件引导学生感受"气候差异"。

《义务教育品德与社会课程标准（2011年版）》中指出："在教学时，要善于调动和利用学生已有经验，结合学生现实生活中实际存在的问题，共同探究学习主题，不断丰富和发展学生的生活经验。"在课堂中，教师除了创设情景，引导学生感悟"家"，情景和现实相结合中步步深入，引导学生真正感悟了"家"。

2. 还原真实的历史情景，让学生走进历史，激发情感。

比如在讲述"南京大屠杀"时，为揭露日本法西斯极其野蛮和残忍的侵略本质，单靠文字材料和口语表达很难达到预期的最佳效果。此时教师运用多媒体制作课件，播放"南京大屠杀"相关的影视和图片资料，鲜活地创设了日本法西斯残酷屠杀我国人民的历史情景。这样，日本法西斯肆意践踏国际法，凶残暴戾、人性泯灭的本质就充分展现在学生面前，从而极大地激发了学生对日本法西斯的憎恨和立志报国的爱国热情。

现代信息技术飞速发展，历史上的重大事件都能以声像资料保存下来，利用好这些声像资料，能最大限度地再现真实的历史，创设真实可信的历史情景，让学生犹如亲身走进历史。

（二）在情景中体验，引导学生探究生活的本原

体验总是在一定的情景中产生的。在教学中，联系学生已有的生活经验，采用多种方式，创设学习情景，对于吸引学生的注意力，激发学习兴趣，引导学生主动思考、探究有着十分重要的意义。新课程要求学生具有积极主动的学习态度，独立探究获取知识的能力，养成团结协作的合作精神。因此，在品德课程的教学过程中，注重发挥体验的价值和作用是非常重要的。教学过程中创设情景，具有明显的目的性，且创设的情景具有较浓的情感色彩，以达到动情明理的作用。

此外，在情景中面对一个确定的中心问题，学生可以有自己的认知过程，可以对问题产生全新的认识；学生之间、师生之间的密切协作与探究，有助于学习者完成对知识的意义建构。在这样的学习过程中，学生的自主学习能力得到发展，因此，对于培养学生的合作精神，优化师生关系有很大的作用。例如，广州市海珠区江南新村第一小学的麦莉莉老师在教学六年级《漫步神奇的非洲热土》一课中，以神秘古老的埃及文明为切入点，然后把学生分成三个小组，各自安排了不同调查任务，分别是了解非洲古文明、非洲自然风光、非洲动植物资源。小组通过对这三方面进行详细的探究和学习，了解到非洲是一片神奇而又美丽的土地。在上课的时候，教师和学生一起探讨、交流，学生的积极性非常高，课堂上的高效率得到实现。更重要的是学生在体验中，有更高的欲望去探究问题的本原，去寻求问题的答案。

（三）提炼生成性问题，反思中促进个人成长

新课程改革倡导"自主、合作、探究"的学习方式，特别强调发挥学生的主体作用，提高学生解决问题的能力。因此，课堂探究活动一定要在学生已有一定的信息基础上，借助于良好的课堂教学氛围，让学生触景生情，由情而问，由问而思，由思而辩，由辩而明，充分展现学生的思维过程，从而提高学生自主探究和解决问题的能力。

比如在海珠区"海教杯"品德教学评比赛中，有一位参赛老师在导入时播放"南京大屠杀"的视频，课堂气氛似乎凝固住了。这时教师用轻缓而低沉的语调请学生们自由上台，在黑板上用最简洁的词句写出此时此刻最想表达的情感。在这个特定的教学情景下，学生们内心涌动的情绪，像火山爆发一下子喷发出来，很快黑板上就留下几十个充满真情的词句。这时，教师又不失时机地加以点评，并用课件展示日本右翼势力不肯反省历史，否认侵略罪行的相关图片资料（如日本篡改历史教科书、日本领导人参拜靖国神社等）。引导学生"如果你是中国政府外交部新闻发言人，你将向世界人民怎样表明中国人民的严正立场？""如果给日本领导人写一封信，你最想说什么？"从而得出"中日两国人民应该怎样相处？""日本政府的正确做法应该是什么？"的历史启示，让学生树立正确的历史发展观。

据说苏格拉底的母亲是一位接生婆，他追随母亲的足迹，努力做一个精神的"助产士"，帮助别人生产出他们自己的思想，这个方法称作"苏格拉底的接生术"。苏格拉底提出问题，诱导别人去思索、回答。在教学中借鉴苏格拉底接生术的精髓，帮助学生从不同的层次和角度来审视和修正自己的观点，完善自己的思维，这是很值得推广的。

在品德课堂上，情景的创设应基于学生已有的认识，基于学生的心理需要，基于学生身边现有的资料，基于学生生活中的矛盾。只有这样，才能优化德育情景，创设有效的情景，提高德育的有效性。

（四）体验指引行动，回归生活是最终目的

品德与社会课源于学生的生活实际，课程对学生的教育是要回归生活，重视生活的价值。情景体验的最终目的是指引学生的日常行为，让课堂走向社会。如果脱离了生活，一切的教育都变得毫无意义；再多的体验都变得虚假、形式。在教学当中，教师应多方面加强教学与学生生活的联系，与社会生活的联系，创设更多开放性的教学情景，帮助学生将他们的视野拓展至大社会的广阔范围。

例如，海珠区红棉小学郭虹霏老师执教北师大版三年级上册《让老人生活快乐》这堂课时，她力图将社会生活与课堂打通，由课堂内容辐射课外生活，将课外事情引到课堂中进行教学。让学生在关心自己的爷爷奶奶的同时，去帮助社会上的所有的老人，将大社会引进小课堂，这样的教学是向学生的生活中开放的。在课堂上，教师精心设计了一个普遍的情景：老人家在校门外接孙子放学，要帮孙子背沉重的书包。教师让孩子在此熟悉的情景中接着演下去。平常，孩子受到老人关爱与呵护的同时，认为老人们为他们所做的一切都是应该的，但此时他们知道了在接受老人关爱的同时，也应该关爱老人。尊敬老人就是从身边的事情做起。

通过教师的引导、提升和整合，这样的教育意义被凸显出来，变得更加清晰，学生带着这样的收获走向校外，去解决现实生活中的问题，使课堂教学的内容在课后得以扩展和深化，使学生的知、情、意更好地得以统一。

21世纪的教育不仅要使人明智，让人懂理，还要单纯培养学科能力，更重要的是"以人为本，以立信仰，以助生活，以愉悦人生。"课程目标和新课程理念的实现，最终要体现在课堂教学之中。课堂教学是完成教育教学任务的主渠道和主阵地。"情景—探究—感悟—行动"的四环节课堂教学模式是一种沟通心灵的艺术。这种教学模式之所以有效，是因为它改变了以往的静态教学的面貌，使品德课堂成为充满活力的、内容丰富的动态活动。它使教学过程不只是传统意义上的传递和执行课程的教学内容的过程，它使课堂不再是教师表现的舞台，而是师生间交往互动的空间，它使学生不但真正成为课堂的主人，而且使课堂成为孕育学生个性和创新精神的主阵地。

总之通过情景教学法可以提高教学效率，发挥学生的主体潜能，激发学生学习的主动性、积极性，在新课程改革的道路上起到战略性的意义。

参考文献：

［1］严奕峰.体验学习圈：体验与学习发生的过程机制［J］.上海教育科研，2009（4）.

［2］唐青.小学英语教学情境的设置［J］.山东教育：小学刊，2007（4）.

［3］邹志超，龚少英.情境教学在小学英语教学中的应用［J］.现代教育科学：普教研究，2006（2）.

［4］李吉林.情境教育的诗篇［M］.北京：高等教育出版社，2004.

［5］中华人民共和国教育部制订.品德与生活课程标准（实验稿）［M］.北京：北京师范大学出版社，2002.

［本文为海珠区"十一五"规划课题《小学品德体验式教学的实践研究》（课题编号2007C110）的研究成果之一。］

善用生活事件，构建小学品德生活化课堂

教育一定要回归生活，这是一成不变的真理。《品德与生活》课程只有与学生生活紧密联系，通过教师及家长的行为影响，言传身教，让学生在生活中去体验，感受其中的乐趣和收获，才能起到潜移默化、事半功倍的作用。

生活事件是指人们在日常生活中遇到的各种各样的社会生活的变动。善用学生身边的"生活事件"，可以使课堂更贴近学生生活，更能激发学生探究体悟生活的兴致。然而，在实际课堂教学中，不能善用学生身边的"生活事件"，往往会使教学效果大打折扣，甚至适得其反闹出笑话。

《品德与生活》教材是从儿童生活中经常遇见的问题中生成教育话题和范例的，正如陶行知先生所说："生活即教育！"教师应该在新课程理念的引领下，巧妙地把课堂负载的世界与儿童生活的世界打通，以此实现在生活中发展，在发展中生活的课程内涵。在小学品德课堂教学中运用"生活事件"这种呈现方式，笔者认为须特别注意以下几项原则。

一、源于生活就必须以真实为大前提

美国好莱坞动画片《天才眼镜狗》中一段有关学校教育的片段，真正给了教育工作者不少的感触：片中的小学女教师在教学时讲到了华盛顿砍樱桃树的故事，力求塑造一个砍树后主动认错，获得长辈原谅的少年华盛顿的形象。可小天才主人公马上就反驳老师了，因为作为"小天才"的他知道华盛顿根本没有砍樱桃树，因为历史上华盛顿家里的花园种的并不是樱桃树。当时教师在课堂上的尴尬可想而知。

虽然这只是电影，但创作也是源于生活。在实际教学中，当教师们在上课时为教育学生而随意引用或创作故事时，是否考虑过这些虚假的事例也会受到学生的质疑呢？

在运用生活事件时，我们可以引用当下发生的真实事件，也可以在真实事件的基础上，将事件改编成为让小学生更容易接受的故事形式，但"真实"是大前提。真实可信的事情最能打动人心，即便我们要打动的只是小孩子。如为达到说教的效果而堆砌故事，牵强附会，非但不能感动听众，在信息化发达的网络时代，更有可能被识破而变得不能自圆其说，适得其反。

说到"诚信"这一话题，教师可引用最近在网络上热议的真实事件之一：江苏扬大附中学生徐砺寒在放学时，不小心把别人停在路边的轿车后视镜刮花。他留纸条道歉并写下联系电话给车主赔偿修车费用。不得不说现在的社会中，人们的诚信意识明显出现不足，从我们的平时生活当中就能体会到。同样这件事情发生在别人的身上，也许就是逃之夭夭，不了了之！徐砺寒留下的那张道歉及赔偿联系的小纸条后，事情结果是怎样的呢？到此设疑，孩子们的兴趣自然来了：肯定被骂；当然要赔偿了……

故事的结果出乎孩子们的意料，徐砺寒的举动令车主"无比感动"和"极度震惊"，并引来一连串感人的后续：车主感动之余主动不让徐砺寒赔偿；一家修车行表态愿意免费为受损车主修车；网友们纷纷感慨，在这个孩子身上看到了美好……

教师适时引出问题"听了这个故事，你有什么感受呢？"，学生自然而然感受到诚实所带来的好处，教育效果不言而喻。品德教育就是要学生向往真善美，求真求实自然是品德教育的理念体现。

二、生活事件应具有现实普遍性

在《品德与生活》的教学中，不同的环节上，教师都会选取"生活事件"配合进行教育。诚然，引用"生活事件"是为了贴近学生的实际生活，创设良好的环境和条件，引导学生愉快地投入活动中去，更好地做出道德判断，引导学生的行为。但如果那些"生活事件"全都是别人的故事，或者是孩子从未曾经历的事情，那又会是怎样的一种尴尬的情形呢？

在听北师大版二年级《诚实的孩子人人夸》这一课时，有教师设计了这样的一个教学情景：路人向你问路，而你不知道，你会怎样告诉路人呢？

一学生直接回答：我不知道！

老师夸她：真是诚实的孩子，不懂不能装懂，实事求是就是诚实的体现。

笔者当时真的感到疑惑：这孩子是真的不认得路而"诚实"地回答"不知

道"，还是因为从来没有路人会向一个二年级的小孩子问路，她从来没有经历过这样的生活情景，不知道该如何处理而回答"不知道"呢？如此脱离孩子的实际生活经验，只为引出教师心目中那唯一的"标准化答案"，是否就是我们现在品德教育的目的？

孩子生活的日常事件是每天都可能发生的，并且这样的事件应是会普遍发生在多数孩子身上的。正因为如此，彼此的生活场景有相似性、普遍性，相似的群体都经历过类似的事件，大家在交流的时候才容易产生情感共鸣，不至于无话可说。

如北师大版的《诚实的孩子人人夸》一课中有几幅插图，其中三幅连环图讲的是主人公随手扔了香蕉皮，经过巡视的叔叔提醒后，他便捡起扔到垃圾箱里。编者的意图是说明知错能改也是诚信的表现之一。但如此的行为在普及创文精神的广州已是不再常见的现象，与其死板地照本宣科，倒不如加以选择学生身边更普遍的"生活事件"来引起他们的共鸣和思考。

在学校生活中，我们更普遍常见的现象是当老师提醒学生座位下有纸屑要捡起时，不少孩子为了逃避责任会向老师推说垃圾不是自己的。相信如借用此生活现象，会更能唤起学生似曾相识的记忆，让学生自我审视、自我反思，从而达到教育的效果。

当然，作为学生身边朝夕相处的老师，特别要有敏感的触觉，抓住这些看似"鸡毛蒜皮"的日常生活事件加以善用，教育孩子。正是这些生活琐事最能真正让孩子重新认识自我、感受生活，从而塑造健康的品性和人格。

三、回归生活是运用生活事件的最终目的

品德教育的最终目的是指引学生的日常行为，让课堂走向社会。如果脱离了学生的实际生活，一切的教育都变得毫无意义。在品德教学当中，教师们应多加强教学与学生生活的联系，与社会生活的联系，帮助学生将个人视野投放到社会生活中，将他们思维的领域伸展到人类活动的所有领域。

例如，执教北师大版三年级上册《让老人生活快乐》一课时，教师精心选取了一个普遍的情景：老人在校门外主动要帮孙子背沉重的书包。教师让学生在此熟悉的情景中接着演下去。平常，孩子们通常都是卸下书包递给老人甩手就走，但此时，通过在课堂上对熟知生活事件的反思，他们知道了自己的事情自己做，不麻烦长辈就是关爱老人的表达。尊敬老人就是从身边的事情做起，让学生在关

心自己的爷爷奶奶，自己做力所能及的事情的同时，进而去主动关心和帮助社会上的所有的老人，将大社会引进小课堂，这样的教学才是真正向学生的生活辐射。

教师通过引入生活事件，让学生在熟悉的真实情境中思考体悟，这样的教育意义被凸现出来。学生带着这样的收获走向校外，去解决现实生活中的问题，使课堂教学的内容在课后得以深化，使学生的知、情、意、行更好地得以统一。

"从生活中来，到生活中去"，生活能给孩子提供最真实的教育。在小学品德课堂教学中，我们应该努力构建生活化的课堂教学模式，以学生的生活为基础，善用学生身边的"生活事件"，让我们的品德课堂更接近孩子的生活，更能为孩子的生活提供正能量。

参考文献：

［1］李季湄. 义务教育《品德与生活》课程标准（2011版）解读［M］. 北京：高等教育出版社，2012.

［2］陆建南. 品德教学中生活事件运用的误区与对策［J］. 小学德育，2008（18）.

（本文获广东省小学品德综合课优秀教学成果活动一等奖，发表在《广州教学研究》2015年第1期。）

.

重视传统节日文化教育，培养学生核心素养

中华文化源远流长，这颗璀璨的东方明珠在世界文化宝库中最为耀眼。作为中华儿女自然肩负传承和弘扬中华优秀传统文化的重任。当今世界多元文化并存，在中西方文化交融的大环境下，要大力发展社会主义先进文化，必须重视和保护民族传统节日。作为承担着学生品德教育重担的品德课，更应加强民族传统节日文化的宣传和教育。

一、"传统节日"教学内容增加的必要性

近两年，为深入贯彻落实党的十八大精神，中央和地方文明办大力号召开展"我们的节日"系列主题活动，传承中华优秀文化，引导人们认知传统、尊重传统、弘扬传统，增进爱党、爱国、爱社会主义情感。

传统节日是指由历史沿传下来的，流传于民间的约定俗成的节日。传统节日有着丰富的文化内涵和深厚的历史背景，是民族优秀传统文化的重要载体。中国七大传统节日及时代内涵如下所列。

春节（正月初一）和元宵（正月十五）：辞旧迎新、幸福平安、家国兴旺；

清明（四月五日前后）：纪念先人、缅怀先烈、文明祭扫、保护环境；

端午（五月初五）：祛病防疫、热爱祖国；

七夕（七月初七）：家庭和睦、爱情忠贞、夫妻平等；

中秋（八月十五）：团结团圆、庆贺丰收；

重阳（九月初九）：尊老爱老、助老孝亲。

北师大版原品德教材中，涉及节日的内容比较多，如母亲节、教师节、六一节、国庆节等，但专题讲授我国传统节日的课程就只有一年级上册的《中秋节》，以及一年级下册的《春节知识知多少》。我们结合教材内容，挖掘有关我国传统节日文化的篇目，还有四年级上册的《乡风乡俗》，以及四年级下册的

《寄托着希望的传统文化》。本学年低年段新教材改版为《道德与法治》后，有关传统节日的内容又相应增加了《重阳节》一课。

传统节日文化教学内容的增加，揭示了传统节日文化的内在价值越发受到重视。在当今商家大肆宣传西方圣诞文化、感恩节文化的环境下，少年儿童便会在这种文化熏陶下越发接受和认同西方的文化观点。有人说文化的入侵是一场无声的战争，会慢慢地腐蚀一代人的思想。现代教育观认为，只有弘扬民族文化精神，才能让孩子们在认同本民族优秀文化的同时，更好地有分辨地接受外来的文化。所以，在小学品德教育中，我们应更加重视传统文化的教育，自觉地去传承这些传统节日，在课堂内外进行文化渗透，让古老的传统节日为现代生活添彩。

二、教学传统节日文化的课堂模式

近期，"核心素养"成为教育界的热词。在品德教育中，让学生成为全面发展的人是我们的目标。在学科教学中，我们也得注重培养学生的"文化基础""自主发展"和"社会参与"的能力。中国传统节日文化内容丰富，因地域差异又包含不同的表现形式。运用体验式教学开展形式多样的活动，不仅能让学生更好地体验传统节日的乐趣，更是能从各方面培养学生成为全人。

《小学品德与社会课程标准》提出：品德与社会教育要"注重学生的亲身体验和活动。"通过体验获取新知是小学生品德与社会课程最为有效的教育途径。在教育过程中，让学生扮演一定的角色，体验道德准则并规范自身的行为；注重学生自我教育、感悟和内化，充分发挥学生在教育中的主体作用。即一句话：重视学生的个体体验尤为重要。品德教育的体验式教学模式就是在这样的背景下提出的一种课堂教学模式。

我们在日常教学中作过一些探索，也借鉴美国学者大卫·库伯教授提出的体验学习圈模型，希望能将传统节日文化教学建模。体验学习圈是将体验学习过程分为四个连续循环的阶段，即具体体验、反思观察、抽象概括和行动应用。我们在传统节日文化体验教学中尝试运用四阶段的模式，下面就浅谈"课堂体验—自主探究—感悟提升—课外行动"四环节教学模式在课堂教学中的运用。

1.课堂体验，组织有效的节日体验活动，培养学生的人文底蕴。

体验式教学以学生参与活动为基础，活动是体验的载体。不同的活动方式和活动内容，会带给学生不同的心理体验。因此，教师要根据传统节日不同的内涵，选择富含地域特色的风俗来开展体验活动。如教学一年级下册《春节知识知多少》中，因各地春节的风俗有所差异，学生可能对本地的风俗有所耳闻，对外地风俗不甚了解。为此教师在开展教学时，可重点让学生先体验本地的风俗——贴对联、讨红包。通过指导学生上台贴对联的体验活动，使学生明白对联的上下联和额联的不同位置，及对联中所包含的祝福；而向老师讨红包的环节则教会了孩子讨红包重礼仪重彩头，而不看重金钱多少的传统。在开展体验活动后，在通过图片或视频形式向学生介绍不同地域的其他传统，做到重点突出，详略有序。

再如海珠区江南新村第一小学的方玉倩老师在教授一年级上册《重阳节》时，就专门设计了让学生制作茱萸小香囊的体验活动。南方的孩子很多连茱萸是什么都不知道，老师通过图片介绍让学生知道了重阳插茱萸这种传统的习俗，再给每个小组派发茱萸颗粒和小香包，让孩子亲手制作小香囊。淡淡茱萸香气让孩子兴奋不已，手捧小香包时很好地感受了渐已淡忘的习俗。

通过体验活动，让学生亲历和感受传统节日文化的丰富和多彩，为接下来开展的品德教育打下基础，让学生在不知不觉中欣然接受了传统文化的熏陶。

2.自主探究，挖掘传统节日文化的内涵，培养学生自主发展。

新课程要求学生具有积极主动的学习态度，独立探究获取知识的能力，养成团结协作的合作精神。因此，在品德课程的教学过程中，注重发挥体验的价值，让学生在自主探究中挖掘传统节日文化的时代内涵是非常重要的。

在教学四年级下册《寄托着希望的传统文化》这课时，我先向学生简单介绍与农业有关的二十四节气，再让学生看日历找找哪些节日和农业生产有关系。学生自然发现我国的春节、清明、端午、中秋和重阳等传统节日皆与节气、农业有关，其为古代人民感谢天地、祈祷丰年的情感表达。在课堂上我组织开展了一次小组合作探究活动，让学生分组选择一个传统节日来开展课外探究，从节日的起源、饮食、活动、习俗和意义等方面去全面挖掘。通过课外适当的指导，学生从自主分组、自主选题、合作探究、查找资料、撰写研究报告、准备汇报形式等一步一步做起。通过探究活动及后续的汇报展示，使学生能较为系统地了解我国几大传统节日的知识和内涵，合作探究的学习能力也得到了进一步的提高。

3.感悟提升，丰富传统节日文化的时代精神，让学生更具创新能力。

任何事物在时代变更中，有其自身优胜劣汰的法则，传统节日文化也不例外。现今，传统节日文化的内涵和外延都在不断变化中带上了新时代的精神。如清明节不单是祭拜先人，更演变为祭奠和缅怀先烈的节日；重阳节不再只是家人登高避灾，更衍生出敬老助老的新风尚。

在学习《重阳节》时，方老师重点让学生体验了节日的各种风俗后，就自然过渡到敬老环节上：九月初九有长长久久的意思，所以1989年我国就把它定为"老人节"，这是对老年人的祝福，希望他们长寿快乐。紧接着，出示学校开展社区敬老送温暖活动的照片，以及学生家中老人寄语的视频，让孩子感悟到家中老人对自己的爱护和关怀，更明白在日常生活中要从小事做起孝敬老人，因为敬老爱老是中华民族的传统美德。

4. 课外行动，让传统文化的种子生根发芽，提升学生社会参与能力。

教学四年级上册《快乐的节日生活》时，正是12月中旬，再过一个多月就是我国的农历新年。当时学校也开展了毛笔书法课，学生或多或少都有了书法功底。于是我布置了一项课后任务，让每个学生在红纸上写"福"字，并贴在家中拍照分享。连同前一课《乡风乡俗》中学生亲手剪出的"红双喜"，学生通过自己的双手为家中增添了浓浓的节日色彩。之后的家长会上，父母们纷纷表示看着那"囍"和"福"，一家人感到无比的幸福美满。不少孩子还把"倒福"送给亲戚朋友，甚至还有一个孩子在迎春花市上即席挥毫写挥春义卖。

品德课源于学生的生活，课程教育的意义更是要回归学生的生活。在课堂上体验传统节日文化的魅力后，更是要创造机会让学生在课后生活中多接触多感受多参与，这样学生自然而然会爱上我们的传统文化。通过教师的引导、提升和整合，教育的意义被凸现出来，传统文化的种子才会在学生的小心灵里慢慢萌芽、开花。

三、传统节日文化渗透教育的形式

课堂上的体验活动固然重要，但为了让学生更充分地体验传统节日文化，我们还可以在校内、家庭和社区开展多种形式的课外体验活动，力求在学校教育中多方位地渗透传统节日文化教育。

1. 校园体验活动。四十分钟的课堂教学时间限制了我们的课堂体验活动，实在不能充分地开展。除了在课堂上简单体验传统节日风俗外，我们还可以跟学校德育结合，开展形式多样的校园传统节日文化体验活动。如海珠镇泰实验小学有个优良传统——"校园过中秋"活动。每年的农历八月十五，学校大队部就会组织五年级全体学生在晚上回校共度中秋。当晚的镇泰校园，早早就挂上孩子们心爱的灯笼等的装饰，过节气氛甚浓。圆月之下，师生一起表演节目、品尝月饼、猜灯谜，还有抽奖环节。试问这样丰富的节目，学生又怎能不爱上在校园过中秋呢？在共度传统节日的活动中，师生关系、生生关系越发的亲密，大集体就像温暖的家。

类似的学校活动有不少，如寒假开学学校向学生派发"利是"、清明时节学校组织开展师生扫墓活动、开展"我们的节日"朗诵表演等。通过这些活动，孩子们更为真切地感受到节日的气氛，内心会有如盼望春节逛花街一样，盼着各个传统节日的到来。

2. 家庭庆祝活动。众所周知，家庭教育与学校教育同等重要。在家庭开展传统节日的体验活动，不但能让学生体验各自家乡的风俗，更能促进亲子关系的和谐。在教学一年级下册第一单元《春节知识知多少》时，除了在课堂上让学生体验贴春联、讨红包等节日风俗外，教师还可以布置一项课后家庭体验活动——与父母一起包汤圆。以前过元宵节都有包汤圆的习俗，但因现代人工作繁忙，不少家庭都用速冻食品来代替了。正因为学校布置了作业，才有机会让年轻的父母和孩子一起坐下来开开心心地包汤圆、吃汤圆，让孩子和父母都体验了一次团团圆圆的过节气氛。

那次布置了体验作业后，还有家长提议在家长开放日中，到学校来教全年级的学生做汤圆，让全年级的孩子都一起感受这份团圆美满的幸福之情。可见在一次小小的体验活动中，不单孩子有收获，家长也有满满的感动。

3. 社区体验活动。学校、家庭和社区相结合的教育模式，能让我们的教育效果更为显著。不少的学校和所在社区的居委或服务中心都是文明共建单位，有着良好的合作关系。利用社区平台，我们可以设计各种节日体验活动，让学生积极参与共建文明和谐社区。每逢中秋，不少学校就会组织学生捐出家里富余的月饼，让"爱心天使"收集送到社区的养老院，这使孩子们从小就养成了敬老爱老的好品质；端午时节，海珠区工业大道中小学的学生就会在家委会的组织下，到南石头社区服务中心和志愿者一起体验包粽子，分发给社区困难户。这样的活动，不但能让孩子们体验了一次对爱国之士的缅怀，更能明白"粒粒皆辛苦"的道理，和养成为有需要帮忙的人奉献爱心的良好品质，可谓一举多得。

传统节日文化有其独特的魅力，只要我们努力挖掘它的文化内涵，并赋予时代的"新衣裳"，多创造机会让孩子体验，相信孩子们定会喜欢上它。注重传统节日文化教育，让孩子在轻松愉快中学会感恩，学会爱国，学会与同学、家人一起和谐共处，快乐成长。

参考文献：

［1］严奕峰.体验学习圈：体验与学习发生的过程机制［J］.上海教育科研，2009（4）：4.

［2］中华人民共和国教育部制订.品德与生活课程标准（实验稿）［M］.北京：北京师范大学出版社，2002.

（本文获海珠区小学品德第四届德育课程教育教学论文评比三等奖。）

绘本阅读辅导在小学品德养成
教育的有效利用

　　海珠区培红小学地处广州的城乡接合部，家庭环境造成了部分孩子未能养成良好的习惯。而正是良好品德习惯的形成才更有利于孩子的全面发展。我尝试以学生的品德养成为突破口，让低年段学生在品德课堂上进行绘本阅读，利用读书辅导，促进学生良好习惯的养成，培养学生良好的文明的品德习惯。

　　作为广州市心理健康教育示范学校，我校课题组成员运用团体辅导形式，借用读书辅导方法运用到低年段品德课堂当中，通过团体之间成员的互动体验，促使个体在阅读思考中认识自我、接纳自我，培养良好的行为习惯，让孩子在阅读中健康快乐地成长。

一、读书辅导的心理历程

　　读书辅导的展开，始自孩子阅读读书材料，然后逐渐被阅读内容吸引，再跟随着书中角色的困境和情感反应，将个人想法和情感投入，与书中角色合而为一，共享其情感经验，释放压抑的情绪，对自身前进路上的问题有了新的认识，获得适合自己问题的解决方法，再应用到实际生活之中。

　　开展读书辅导活动，必先清晰其辅导历程。参考台湾读书辅导专家范美珠和王万清对读书辅导心理历程的阐述，提出六阶段的心理历程，我们提炼分述如下。

　　1. 投入：当事人被作品内容吸引，关心作品所传递的讯息和某一角色在作品中的表现，即当事人"投入"并"选择"知觉故事中的主角和事件。

　　2. 认同：当事人对故事主角、事件和背景产生"认知"，发现与其类似的经验和感受，或与其所遭遇相类似的角色，兴起感同身受的情感联结。

3. 投射：当事人试图以主观的经验"解释"主角的行为和遭遇，并积极地投入情感和智慧，"参与"解决问题或困境的行动，产生潜意识的投射作用。

4. 净化：当事人对故事中的角色产生"移情"，暂时解脱自我，进入主角的世界，用主角身份去感受情绪的发展及故事中的人际关系之后，再回到现实世界，"审视"刚才的经历及其影响。

5. 领悟：当事人从书中人物解决问题的过程，将自己和故事中对主角互相"比较"，重新认识自己所面对的问题，和自己的态度、动机、需求及感受，终于发现更加适合的问题解决方法，重新"建构"新的观念。

6. 应用：当事人形成新观念之后，采用角色扮演的方式，"仿真"新的行为模式，或在脑海中塑造"心像"，预演新的情境和行为反应。最后，在真实情境中采取"行动"，使领悟的观念能够付诸行动。

课题组认为，对小学生来说，儿童在阅读或倾听故事时，比较容易经历认知与投射等阶段，但较高层次的心理历程，如净化和领悟，则只有透过辅导老师和读者的相互讨论才可能产生。阅读读物后再开展小组的讨论可解决冲突，使儿童从中获得领悟与对困扰问题有应对的能力。综上可知，整个读书辅导的心理历程就是利用前四个阶段促成情绪的觉察与纾解，第五阶段建构新观念，并在第六阶段造成新的行为，整个历程可视为一个认知重建的过程。

二、读书辅导的读本选取

我们课题组的读书辅导活动选择在一至二年级开展，因为低年段是孩子品德习惯养成的关键期，希望通过阅读，正面影响儿童的行为习惯。读书活动在小学低年段开展是个挑战行为，如何选取合适的读本变得非常关键。我们首选的是儿童绘本。因为绘本以较少的文字来讲故事，每页都有彩色大图。儿童喜欢图画，图画吸引儿童的注意，并激发儿童的兴趣，而且图画比文字较容易理解。绘本故事较为短小，基本十分钟内能阅读完，孩子复述也容易，比较适合在小学课堂上引用。

因而，我们认为在低年段开展读书活动，使用绘本是最为适合的。课题组收集了一些较为合适的参考绘本，对应开展低年段的品德习惯养成教育。

参考绘本见表2-6：

表2-6

行为习惯	参考绘本
主动探究	《遇见春天》《夏天的天空》《过冬》
交往、合作、分享	《鼠小弟玩跷跷板》《石头汤》《夜莺》 《我是彩虹鱼》《我有朋友了》《城里最漂亮的巨人》
规则、诚实、自信	《忘了说我爱你》《快睡吧，小田鼠》《小马虎旅行记》《坏习惯》 《让我自己来吧》《木偶奇遇记》《大脚丫跳芭蕾》 《你是特别的，你是最好的》《鼠小弟和音乐会》
友谊	《穗穗私私》《六一》《过节》
亲情	《大姊姊和小妹妹》《爱心树》《猜猜我有多爱你》 《我爸爸》《我妈妈》《不一样的爸爸》《我永远爱你》 《给爸爸的吻》《我爱家人》《谁来看家》
热爱社区、祖国	《陪伴孩子成长的爱国故事》《故事爷爷讲故事》
关爱自己	《可爱的身体》
爱惜资源 保护环境	《一滴水的自述》《一张广告纸的哭诉》《馒头的哭述》《小房子》 《如果没有水》《云从哪里来》《我的野生动物朋友》《小小环保人》 《大树的秘密》《再见小树林》《和影子做游戏》

三、读书辅导的有效实施

绘本的读书教学从儿童对绘本的图文阅读、情境学习、读书辅导的心理历程开展，分别以"说故事""主题探讨"及"延伸活动"三部分实施。绘本阅读无论是运用在品德课堂的导入环节，还是课中的深化，抑或是课后延伸，都讲求一定的技巧，具体如下。

（一）说故事的技巧

绘本精彩的故事和生动的画面，往往深获儿童喜爱，若再加上教师说故事、角色扮演等生动演出，其深刻印象就更令人难以忘怀。

在课堂导入环节引用绘本，教师在说故事时不妨配上合适的音乐，加上身体语言，绘声绘色地讲故事，这容易使学生投入，快速认同故事并将自己的经验投射其中。精彩的说故事让孩子领略到文学的魅力，同时也唤醒他们理解的心。

另外，在课中深化环节同样可以引入绘本辅导，这时教师可以将读故事变为故事扮演活动。故事扮演活动对于学生故事理解能力较强于问题讨论和重复听故事的效果，绘本教学可以扮演活动来提升学生对故事的理解。在故事角色扮演的过程中，学生便能自然而然地领悟到问题解决的方法，便将此方法运用到实际生活中。

（二）绘本的主题探讨

故事讨论是属于讨论法的一种，它可透过两个人、一组人或一整个班级进行，讨论故事可以建立师生双向互动的关系，教师可以了解儿童对故事的了解程度及思考深度与广度。讨论故事可以提供给儿童一个合作思考的机会，不仅帮助儿童确认、扩展及修正个人对故事内容的理解，甚至在教师的引导下，培养倾听、发问与表达的技巧，学习说理与思考，建立对自己有意义的知识系统。我们发现学生在故事讨论的历程中，受到绘本的内容、图像以及自身的生活经验所影响，并会在与同学间的交互激荡中形成新的认知概念。

故事主题的探讨可由教师的引导、掌握讨论的关键与重点。如在教学北师大版二年级《纸从哪里来》一课时，课题组黄慧婷老师在让学生了解到森林被破坏的境况后，引入绘本《再见小树林》。黄老师以书中问题引发学生讨论：小绿失去了小树林，而我们又失去了什么？从而让孩子真心明白森林受到破坏的后果。经此过程，儿童可以直接或间接了解绘本中的主题，作为建立个人价值及生活观的参考。

特别需要注意的是，在主题探讨部分，讨论的目标不在于想达到共识或普遍的理解，而在于促进孩子个人对自我内心世界的了解，故小组或集体讨论的重点可以是：儿童对故事的反应、如何同意或不同意主角对行为所做的决定、书中人物行为结果的可能性、书中人物的经验如何扩充到儿童自身的经验、是否能规划出生活当中的相似点，以及故事的意义等。

（三）阅读的延伸活动

绘本阅读活动延伸成具有结构性的教学课程，更能呈现说故事的价值。为此，我们设计了一系列的读书辅导活动，利用绘本故事的延伸教学策略，如故事讨论、念读故事、改编故事结局、故事百宝箱、法兰绒板故事讲法、木偶戏、创造性戏剧、故事心得分享、扮演活动、创作故事绘本、发展或创作戏剧等的活动，来丰富和延伸阅读。透过主题探讨和延伸活动教学，让孩子内化许多社会化的替代经验，学习理性地解决问题，进而帮助学生健康成长。

在活动设计中，我们也特别重视亲子阅读的环节，设计《家庭活动工作坊》的活动工作纸，让家长与孩子一起参与亲子阅读，让家长对孩子阅读情况及品德习惯的养成进行评价和反馈等，进一步巩固德育成效。

我们利用绘本阅读辅导与品德课堂无痕融合，运用各种团体游戏、读书活动，使读书辅导活动课成为学生喜爱的品德教育活动课程。在听故事、演故事等辅导活动中，不知不觉地培养了学生良好的品德习惯，可谓润物细无声。

参考文献：

［1］范美珠.读书治疗对父母离异儿童个人适应及社会适应辅导效果之研究
　　　［D］.台北：国立台湾师范大学，1987.

［2］王万清.读书治疗［M］.北京：世界图书出版公司，2011.

［本文为广州市教育局教学研究室小学品德学科规划课题《绘本阅读辅导在品德与生活教学中的有效利用》（课题编号2013021）的研究成果之一。］

重视学生的心理健康，建构和谐快乐的校园

——校本课题团体辅导技术的运用与毕业班工作的结合

一、我校校本课题研究概述

2004年，广州市海珠区培红小学正式确立了"运用团体心理辅导，提升学生自尊感"的校本课题研究。该课题以提高学生自尊感为切入口，运用团体辅导的理论和形式，全面培养与发展学生的健康人格。通过团体成员的互动，促使个体在人际交往中认识自我、探讨自我、接纳自我，调整、改善与他人的关系，学习新的态度与行为方式，增进适应能力，以预防或解决问题并激发个体潜能的助人过程。参与活动的班级都成立了各具特色的小组，在团体活动中，学生都全身心的投入，展现小组最积极的面貌，通过相互的激励，学生的精神状态更显积极向上了。

二、本届毕业班学生情况分析

六年级的同学即将告别母校，进入初中继续学习。小学升中学时采用电脑派位的方法，大部分学生会就近升读初中，一部分比较优异的学生则可推荐到一些重点中学就读。因此，到重点中学就读是部分学生及其家长的期望，这部分学生担心自己会在考试中"失手"而深感压力；我校今年在初中招生电脑派位的分组上并不理想，两间省级中学——市五中和九十七中只招收42人与28人，绝大部分电脑派位的学生只能被派到他们心目中并不理想的中学去，因而有部分成绩一般的同学便抱着"听天由命"的想法，十分消极。

在考试前一个半月，我特意做了一次问卷调查，调查的主要目的是了解毕业班学生的心理压力问题。我校应届毕业班学生为98人，本次回收的有效问卷有95份。

1. 据统计，感到有压力的学生占95.5%，而没有感到压力的学生只有4人，仅占4.5%；

2. 学生的压力主要来源于，第一位：父母（43%）；第二位：学生本人（36%）；第三位：老师（16%）；第四位：同学、朋友等（5%）。

3. 学生对毕业升中感到最困惑的事情是：

A. 担心成绩不理想：48.9%　　B. 担心去不了理想的中学：31.1%

C. 不想与现时的朋友分开：13%　　D. 担心适应不了中学的生活：6%

E. 其他：2%

现代社会中，每个人的压力都不少，连本应天真活泼的小学生也同样面临着相当的心理压力。了解了学生的心理状态与心理需要后，我们更觉得作为教育工作者，应该为孩子的健康成长而负责。

三、毕业班心理辅导活动的全面开展

让每一个毕业班的孩子能调节好自己的情绪，愉快地升上初中是每一位毕业班老师的心愿。我校校本课题的研究与应用以毕业班学生为辅导的重点，创设和谐愉悦的气氛，让孩子能舒缓心理压力，健康地升上中学，健康地成长。

（一）开展学生团体心理辅导活动

在每一届的毕业班学生中，我们至少会开展两次以上的团体辅导活动。例如，在本届毕业班工作的安排中，就安排了开展三次相关的活动。

1. 开展毕业班升中辅导讲座。在明确了本年的初中招生工作有关的政策规定后，我们就马上开展了第一次面向全体毕业班学生的《升中辅导讲座》。辅导讲座的主要目的是让毕业班的学生清楚初中招生的各项政策等，减少学生因不了解升中政策或被误导而造成不必要的心理压力。

2. 开展毕业班团体心理辅导活动。活动的目的是让毕业班学生学会调节好个人的情绪，做好准备，愉快地升上初中。为了让孩子更了解中学的学习生活，在活动中我们邀请了一位中学教师到场，拍摄中学师兄的生活与寄语等；为了让孩子与家长能更好地沟通，我们也邀请学生家长一同参与活动；为了让孩子了解更多舒缓心理压力的方法，我们还邀请了学校心理辅导室的辅导员出席。在活动中，学生通过采访了解到更多中学的情况、明白父母的一片苦心、掌握了更多舒缓压力的方法，还有大家相互真诚的祝愿，让很多学生都感动得流泪，学生与导师拥抱在一起。辅导活动收到很好的效果。

表2-7所示是本次辅导活动的方案。

表 2-7

活动内容	导师活动预设	学生活动预设	设计意图
一、相片回顾，体验成功	1.激情导入：时光匆匆而过，转眼之间，大家六年的小学生活将近结束了。这六年来，一定发生了不少事，令你记忆犹新；一定会有不少人，与你情谊深厚；一定有不少收获，让你欣喜鼓舞。让我们一同走进时光的隧道，再一次来回味那难忘的每一刻。（播放歌曲《朋友》，出示照片） 2.与你的好朋友聊一聊你六年来最难忘的经历吧。	1.回顾学习生活照片。 2.找伙伴进行活动、汇报。	回顾六年的学习、生活，体验到成长的快乐，忆起快乐背后的曾作出的努力。激起学生的归属感。
二、倾吐了解，舒缓压力	1.过渡：再过两个月，大家即将离开母校，与相处多年的老同学分别，进入初中继续学习了。在升中之前，你想得最多的是什么？ 2.归纳，出示学生心理调查统计表。 3.你认为这些忧虑困惑会影响你的学习、生活吗？ 4.升中前的种种压力，如一块块沉甸甸的大石头，压在同学们的心里，真难受。 5.播放录像：师兄寄语。 你希望了解中学的各种情况，父母的想法，倾听心理辅导专家的意见，来解除这些心理压力吗？ 6.介绍出席嘉宾，指导采访：制订采访计划，记录汇报。 7.小结：通过活动，大家对中学的情况、对大人的期盼有所了解，相信也舒缓了部分的压力。	1.学生自由讲。 2.观看录像，了解中学学习生活情况。 3.分组讨论，制定采访计划。 4.分组活动。 5.小组汇报。	让学生明白无论去到哪一类中学，只要努力，就一定可以学得好。调节好自己的情绪，做好准备，愉快地升上初中。
三、转化压力，变为动力	1.过渡：此时，你的心里有什么想说的呢？ 2.把你的心愿或者还没解决的问题写在彩纸上，折成小飞机，让我们一起放飞我们的"愿望的翅膀"。 3.放飞小飞机："愿望的翅膀"带走的是你的烦恼，承载的是你美好的心愿。虽然我们就要分别，但无论你去到哪，我们都会真诚地祝福大家——明天会更好。 4.牵手齐唱：明天会更好。	1.学生轮流谈自己的想法。 2.写心愿。 3.折飞机。 4.放飞心愿。 5.带着愉快的心情高声齐唱。	升华情感，确立目标，让学生学会转化压力，变为动力，解决日后遇到的困难。

活动后，学生在留言板写道：

"我们要以平常心面对这次毕业考，金子无论到哪里，都会发光。"

"我们曾经患难与共，我们所经历的一切代表了我们的友谊。友谊在同学之间，师生之间，在每个人的心灵架起了一座永恒的桥梁。"

"我永远忘不了2006年5月24日下午的升中辅导活动。是它，让我想起以前和同学在一起的欢乐时光；是它，把我升中的压力舒缓了；是它，让我能信心十足的考上中学。"

3. 毕业班惜别会。在近三年的毕业考试后，我校毕业班都会开展一次"毕业惜别会"，采用团体辅导活动中惜别会的形式，通过照片回顾、学生感恩等活动，让学生在回顾六年的学习生活中，感受到与同窗、与师长情谊的可贵，体验到六年来成长的快乐，忆起快乐背后曾作出的种种努力，也以此增强学生对初中生活的向往，激发起学生"只要努力就会有收获"的自信心。

（二）开展家长的辅导活动

为提升辅导活动的实际效果，我校对学生家长的辅导与沟通也十分重视。学校不但在学生中开展辅导活动，更针对毕业班家长开展心理辅导活动。本届毕业班家长的第一次活动由我主持开展《毕业升中家长辅导讲座》，除向家长讲述了初中招生的各项政策外，更重点强调与孩子相互沟通，减轻孩子心理压力问题的重要性；第二次活动学校邀请了广州市海珠区精神文明办公室的杨崇斌主任来校，特别为家长做了一次《如何做合格的家长》的主题讲座，让家长明白孩子的毕业学习成绩重要，但孩子的身心健康发展更加重要。从家长活动后的反馈中看到，家长们都很满意学校所安排的辅导活动，认为类似的活动能增进家长与孩子、学校的沟通。

在毕业班大力开展团体心理辅导的校本科研教育活动后，通过活动后测各项数据反映，我校毕业班学生的自尊感、自信心大大提高了，人格心理得到了健全的发展，孩子、家长、老师三者之间的关系也更亲切了。今后，我们将继续不遗余力地开展毕业班学生的团体辅导活动，让孩子们在一个和谐、快乐的环境中健康地成长。

[本文为教育部重点课题《团体心理辅导的应用》子课题《运用团体辅导提升学生自尊感的研究》（项目编号DBB010540）的研究成果之一。]

基于教学评一体化的情境式教学

——以广州市海珠区第十三届"明珠杯"道德与法治课堂教学评比课例为例

2022年3月,《义务教育道德与法治课程标准(2022版)》正式颁布。同年10月,中国共产党第二十次全国代表大会隆重召开。在这个新的时代背景下,海珠区小学道德与法治学科按计划组织了第十三届"明珠杯"课堂教学评比,这是海珠思政人在新时代践行党的二十大精神和新课标精神的一次实践、一次行动,具有里程碑的意义。

《义务教育道德与法治课程标准(2022年版)》明确指出:道德与法治课程教学……要突出学生主体地位,充分考虑学生的生活经验,通过设置议题,创设多样化的学习情境,引导学生开展自主、合作的实践探究和体验活动……这显然看出,在道德与法治课堂运用情境的必要性。

早年,我区教研员郑爱华老师带领小学品德教学研究分会成员做了一个《小学品德体验式教学的实践研究》的课题。当时,我作为课题组成员就写了一篇论文《品德课堂中情景体验教学范式的探究》发表在《广州教育》期刊上。在新结构教学下,道德与法治课堂的情境教学又有什么新的变化呢?以下基于教学评一体化,以2023年海珠区"明珠杯"课堂教学评比小学道德与法治参赛课例为例,对情境式教学进行再探讨。

一、"明珠杯"新结构教学设计中情境教学运用情况

近年来,教学提倡课堂以"学"为中心,"教—学—评"一致,是新课标强调的教学观。新使用的广州市中小学思政课新结构教学设计模板非常强调学科大

概念的提取，进行大单元设计，教学评一致性。模板明确了单元教学设计"4重点"和课时教学设计"8要素"，给思政课教学实践提供了全过程简单明了的操作指引。通过新结构教学范式，引导教师从"以教为中心的课时设计"转向"以学为中心的单元设计"，从"简单情境、单一要素、输入型学习"转向"复杂真实生活情境、综合要素、输出/应用型学习"。

在新结构教学设计范式的引领下，海珠区思政教师开展了核心素养导向的课堂教学实践，产生了一批优秀的教学课例。我大致梳理了本次比赛中，老师们运用情境教学的比例情况，在17节课当中，有12节运用了情境教学，占比70.59%。从数据来看，在本次道德与法治课堂教学比赛中，教师是极为重视情境创设的，情境教学成了教学的主要形式。如昌岗东路小学团队创设"走进百年追梦历程，探索'复兴之路'"大情境，宝玉直实验小学团队设计的具有开放性和生活性的大项目情境"争当美德好少年"，都十分值得学习。又如知信小学的梁颖欢老师在教学设计中，就创设了学校旁边的广州科学馆招募小小讲解员讲科普的情境；第二实验小学彭毓老师在单元梳理中写出了每一课时的情境设计；宝玉直小学的黄佩宜老师在教学评思路中，以分框议题形式列出了教学中的情境。

需要说明的是，情境教学法只是道德与法治课程教学方法之一，不是唯一。有的课例运用的是其他教学法，这里并没有优劣之分，不是说用了情境才是好课。

教研员在本次"明珠杯"总结中写道：从本次课例中可以发现，情境设置的类型比较单一，不能涵盖包括生活情境、社会情境、政策情境、现实情境、观念情境等广泛多元的情境；情境设置缺少真实的、复杂的、不确定的、两难的、开放性的情境。在根本上没有改变随意、零碎、杂乱、无序的情境设计。

那何为情境教学？在道德与法治课堂上如何才能运用好情境呢？

二、情境教学的概念界定和教学原则

从概念上来讲，所谓情境教学，就是为达到既定的教学目的，根据教学内容和学生特点，引入或创设与内容相适应的教学情境，让学生置身于特定的教学情境中，引起学生的情感体验，激发学生思维，使其积极、主动参与教学活动，提高教学实效。

1.指向育人目标，情境设计要契合主题。道德与法治教学离不开一定的情境、问题和案例的选择与设置。在教学过程中，教师根据一定的教学目标要求，有计划地使学生处于一种类似真实的活动情境之中，利用其中的生动场景与教育因素综合的帮助学生理解，并使学生的心理机能得到教育与发展。

2. 注重"真实情境下的问题解决"，情境设计要贴合生活。基于核心素养的教学从最本质上讲就是真实情境下的问题解决，强调让学生在真实的问题情境下，将所学知识迁移到新情境中去解决实际问题，知识才能转变为素养。而当前存在的问题是教师提供的情境或问题缺乏"价值"，致使学生体会不到学习价值。因而，设计贴近学生生活的问题情境，让学生在情境中体会到解决问题的价值至关重要。

3. 关注大概念情境设置，情境设计要有连贯性。新课标提出要从"碎片式"情境教学转向"大概念情境设置""主题情境探究"，也就是说，以往教师可能只是在一个教学环节上设置情境，现在更为提倡一节课设置"主题情境"，更深一层是整个大单元或大项目设置一个"大概念情境"，以连贯性的情境驱动任务完成。

海珠区昌岗东路小学李媚老师的决赛课例《不甘屈辱 奋勇抗争》一课立足单元主题，创设"走进百年追梦历程，探索'复兴之路'"这个大情境，统领整个单元，以"一起完成复兴之路人物展"这个单元情境任务引导学生开展主题探究。实施过程中，在课例的导入环节就以时间轴板书展现了中华民族百年追梦历程，带领学生以全景式的视角对百年复兴之路有初步感知，明确本单元的主题和学习任务，做到"心中有全局"。

高质量的道德与法治教学需要通过"主题情境探究"这种以主题为中心、情境为载体、问题为桥梁、探究为途径的集约式教学，将情境预设成为与教学内容相关的一个主题系列。通过一系列问题设计，将情境与教学内容紧密联系起来，引导学生在现象和本质的统一中探究，从而使教学的主题性、整体性、逻辑性更强，并实现情境由小到大、由远到近、由国家社会到自身的有机连接。

三、实践情境的创设

了解了何为情境教学，和情境在道德与法治教学上的价值后，那么问题就来了：在教学上，我们该怎样创设有效的情境呢？

《义务教育道德与法治课程标准（2022年版）》关于情境创设的问题，有相应的指引：情境素材选取要源于真实的社会生活，情境的描述和展开要符合生活常识。情境既要具有一定的复杂性，又要符合学生的认知发展水平。情境类型多样，能多角度、多层次反映道德与法治学习主题的要求。小学思政教学情境的创设，可从以下几方面入手。

（一）用生动简练的语言描述情境

在教学中，教师用生动、准确、简练的语言传递信息，渲染课堂气氛，激发学生的想象力，引起学生内在情感的共鸣，能获得更为理想的教学效果。如在讲述近代中国的百年屈辱史《圆明园的毁灭》时，对帝国主义的侵略、清政府的腐败，教师语言就应突出愤慨之情；再如讲到新中国面貌发生巨变的教学时，则应以激昂豪迈之情，引燃学生的民族自豪感。

目前调查所知，海珠区道德与法治课多由语文教师兼任。语文教师大可放开发挥，用自己深厚的语言功底绘声绘色，让情境画面呈现在学生眼前。

（二）用角色表演体味情境

在课堂教学中，角色表演能把抽象的内容转化成直观情境，更能让学生产生身临其境的感觉。其中复杂的情境更能引发学生深层次的思考。

在"明珠杯"决赛课例中，印象比较深的是海珠区第二实验小学和知信小学《四通八达的交通》这一课。两位教师都设置了角色扮演活动，邀请学生练习扮演最喜欢的一种交通工具，从"安全、速度、环保、费用"等方面进行自我介绍。活动中，学生们或头戴头饰或手拿交通工具的模型，新鲜感与情感体验使他们兴奋不已。通过创设情境进行角色表演，能引导学生联系生活实际，发现和研究多样的交通方式及其特点，加深了学生明白到"每种交通工具各有各的优势，没有优劣之分，合理选择就好。"

（三）用声像资料激活情境

现代化教学手段多以动感图像传递教学信息，这比纯文字资料更易于调动学生多感官参与学习。因此，积极采用信息化教学手段创造情境，用好相关的声像资料，是辅助历史题材教学十分有效的手段。

如本次比赛中同是执教五年级下册《不甘屈辱 奋勇抗争》一课时，有的教师播放《虎门销烟》的影视片段，让学生直观了解西方侵略者发动鸦片战争的丑恶目的；有的教师播放圆明园3D复原视频，给学生带来视觉和心灵上的强烈冲击，激发对祖国文化的热爱；还有的教师则播放香港回归交接仪式的场景视频，激发学生热爱祖国的万丈豪情。用大量的声像资料再现历史场景，能让学生对中国近代史中的事件和人物有所了解，引导学生体会中国人民不屈不挠的斗争精神，收到理想的教育效果。

（四）以活动体验拓展情境

作为最早提出"情境"概念的学者，杜威认为要让学生"在做中学"。因此在教学中，教师应围绕教学目标，设计丰富的情境体验活动，让学生在活动体验中达到知行统一。

在执教三年级《四通八达的交通》一课中，海珠区第二实验小学教师通过创设活动情境，以"争当交通小达人"为任务主线，创设交通王国四个闯关活动：我是聪明"盘点员"、我是能说"小老师"、我是最棒"推广员"和我是能干"规划家"。通过一系列的情境活动激发学生学习的兴趣，进行有层次的思考。学生通过合作探究活动，主动学习，产生高阶思维，学会了根据现实生活需求选择不同的交通工具。

（五）巧设问题情境

创设问题情境，就在于提高学生自学能力，培养学生的创新精神。问题不仅应是教学的开端，而且应贯穿于整个教学过程。知识只有围绕问题展现出来，才能很好地为学生所理解和接受，从而内化为能力和觉悟。

李媚老师在《虎门销烟》一课环节二中，引导学生追溯禁烟历史时，布置学生小组学习阅读相关资料袋，带出问题"林则徐为什么被称为民族英雄？"再引导学生代入不同情境想象，如果不同人群吸食鸦片成瘾会带来的严重后果，帮助学生了解林则徐禁烟的想法和主张、在禁烟过程中受到的阻力和困难，让林则徐的人物形象立体起来、生动起来。

当然，情境创设的方法是多种多样的，可以充分利用文字、数据、图片等表达形式，但不论用什么样的形式，其目的都在于更好地为内容服务。情境的创设应基于单元目标或课时目标，贯穿整个教学过程中。

四、情境体验教学的模式

课题组在日常教学中作过一些探索，借鉴美国学者大卫·库伯教授在20世纪80年代提出的体验学习圈模型，希望能将情境教学建模。体验学习圈是将体验学习过程分为四个连续循环的阶段，即具体体验、反思观察、抽象概括和行动应用。我们在情境体验教学中尝试运用四阶段的模式："创设情境—活动体验—问题探究—实践评价"。

当然，教学模式并非一成不变。根据新课标的要求，基于教学评一体化，我们也逐步完善教学评价机制。

（一）创设真实生活情境，聚焦主题激活动机

虽然这次"明珠杯"中，不少教师运用了情境辅助教学，但大都只是在某一教学环节中使用情境，鲜有创设大情境贯穿整个教学流程或是整个单元的。

为了更直观地让教师们感知如何用好大情境，下面以我参与设计并送教到漳平市的《道德与法治》二年级上册《我们不乱扔》一课为例进行说明。这一课的教学重点是知道不乱扔垃圾、保持公共卫生的重要性，感受保持公共环境卫生带来的愉悦感并愿意在生活中自觉践行。

在教学导入时，教师先播放一段广州城市美景视频，让学生对所呈现的美丽整洁的画面感到愉悦，营造氛围。创设情境后再巧妙引出课题：广州素有"花城"美誉，荣获"国家卫生城市""全国文明城市"的称号。城市干净整洁、绿色美好的人居环境让我们身心愉悦。而我们居住的城市漳平正在创建第七届省级"文明城市"。老师邀请大家一起争当城市"文明小使者"为建设美丽漳平出一份力！这样巧妙创设了单元大情境，让学生明确单元大任务。

在教学过程中，教师始终不离开"创文"这个真实情境，充分发挥了情境在教学中的价值。教师通过"火眼金睛齐发现"在我们身边干净和脏乱的城市景象，让学生清晰要保持公共场所干净整洁，我们就要做到不乱扔；接着又通过"春游研学"的案例，让学生辨析外出产生的小垃圾"扔还是不扔"和"垃圾怎么扔"，从而意识到乱扔垃圾会对社区环境、身体健康等多方面产生危害。最后一个环节，教师引导学生齐为文明行为和身边榜样点赞，并思考小学生能为城市创文做哪些力所能及的事情，自然而然让学生主动关注城市发展，并在今后积极争当文明城市代言人，为城市创文出一份力。

以上课例关注设计大情境，始终围绕"城市创文"大情境，从生活热点出发聚焦创文话题，激发了学生的课堂参与热情，提高了课堂教学实效。同时，以系统连贯的大情境为主线，避免了因情境分散而导致的教学环节不连贯、转换过渡不顺畅、教学内容前后逻辑不清晰的问题，避免了不同情境对学生建立清晰观念的干扰。所以说，只有通过合适的方法创设了贴合学生生活的真实的情境，才能建构一个让学生获取直接经验的途径。

（二）在情境中活动，体验探究生活本原

体验总是在一定的情境中产生的。在教学中，教师要创设学习情境，让学生联系已有的生活经验，去主动思考、探究。

例如，海珠区赤岗东路小学黄蕊老师在执教《不甘屈辱　奋勇抗争》一课中，用"三封来自不同历史时期的信"导入，围绕不同的穿越任务，巧妙地串联起教学的三个环节。读第一封"百姓来信"，聚焦当时社会现状，让学生汇报课前收集到的"鸦片战争前后的中国社会现状"资料，引导学生探究当时的民不聊生；读第二封"林则徐内心独白的信"，引导学生从不同立场角度探究林则徐禁烟所遇到的种种困难，感悟"苟利国家生死以，岂因祸福避趋之"的爱国精神；读第三封"当代小学生来信"，引导学生书写"志向贴"告慰英魂，延续先辈英勇无私的革命精神和爱国情怀。整个教学设计，通过活动任务情境，把情感活动与体验活动有机整合。学生在体验中有更高的欲望去探究生活的本原，去寻求问题的答案。

（三）提炼思辨问题，培养解决问题能力

新课程倡导"自主、合作、探究"的学习方式，特别强调发挥学生的主体作用，提高学生解决问题的能力。因此，课堂探究活动一定要在学生已有一定信息的基础上，借助于真实性问题情境，让学生触景生情，由情而问，由问而思，由思而辩，由辩而明，充分展现学生的思维过程，从而提高学生自主探究和解决问题的能力。

这里涉及真实性问题情境引入的问题。在刘徽教授所著的《大概念教学：素养导向的单元整体设计》一书中有详细论述，这里只能抽取重点部分与大家分享。真实性问题情境是指在学校教育中为培养学生未来解决现实世界中问题的素养而创设的、具有"真实性"的问题情境。

1. 真实性问题情境的本质特征是"真实性"而不是"真实"。真实性问题情境是"为了真实"，也就是说它必须包含真实的特征，但是不代表它必须是真实的。前面讲到《虎门销烟》一课中的三封信，它不一定是真实的，但却有"真实性"，因为它是围绕着任务情境这一大概念来设计的。

2. 真实性问题情境具有开放性、复杂性、多元性、限制性的表现特征。

以海珠区知信小学《四通八达的交通》一课问题情境设置为例说明。在教学环节三"合理选择有智慧"中，学生已经了解了各种交通工具的特点，并明白要结合需要合理选择。这时，教师大胆改编教材，巧妙结合大湾区地域概念、交通出行时间及费用、家人不同需求等开放性、复杂性的因素，抛出了一个问题：如何兼顾家人的需求，为家庭设计合适的旅行交通线路图呢？这一设计活动需要学生综合考虑各种因素，问题情境既开放、复杂，又有限制性。同时听完同学分享后，老师还追问：回程会选择原来的交通方式吗？为什么？在具体的问题情境中，多元选择加深了学生的感悟体验，从而突破本课的难点。

从培养学生核心素养的角度看，越清晰、结构越完整的问题情境，对学生素养的培养和提升作用越小。所以，在道德与法治课堂上，问题情境的创设应基于学生已有的认识，基于学生的心理需要，基于学生身边现有的资料，基于学生生活中的矛盾。设计具有一定的开放性、复杂性、多元性、两难性的情境问题，才能优化德育情境，提高教学的有效性。

（四）回归生活实践，知情意行多元评价

道德与法治课程以学生的真实生活为基础。课程对学生的教育是要回归生活，重视生活的价值。情境体验的最终目的是指引学生的日常行为，让课堂走向社会。在教学当中，教师应多方面加强教学与学生生活的联系，与社会生活的联系，创设开放的教学情境和评价情境，帮助学生将他们的视野投身到社会生活的广阔范围，实现教学评一致，促进学生道德成长及核心素养的养成。

如海珠区宝玉直实验小学备课团队在设计《我参与 我奉献》一课时，立足于广州这一座有温情的志愿者城市以及学校所在的美好社区——"海珠区沙园街道光大花园南社区"正在参加评选"全国学雷锋志愿服务最佳志愿服务社区"这一有利条件，为学生创设真实的课后实践活动和展示评价情境。

在单元作业设计中，以争当"美德少年"实践体验活动为单元任务，在本课设计了"我是志愿者"的课外实践活动，让学生以小队合作的形式，在家长带领下走进所住社区的党群服务中心、志愿者驿站等，参与环保活动、义卖活动、"垃圾分类我宣传"、上门慰问社区老人等一系列孩子们力所能及的公益活动。课程设计以结构化的任务联结儿童生活，在真实的场景中聚焦真实的任务，解决真实的问题，让学生从中获得社区小主人的认同感以及助人为乐的愉悦感，提高学科素养。

同时在评价方面，每一个活动任务都有详细的评价表，孩子们通过一关又一关的通关作业，最后以集赞获得"团结章""奉献章"雏鹰奖章；学校积极争取家长、社区的支持，通过学生互评、家长评、社区评、网络评等多元评价方式，评选出"美德少年"。

在整个单元的活动中，学生带着收获走向校外，去参与、去奉献，使课堂教学的内容在课后得以扩展和深化，不断加深学生的知行体验，使学生的知、情、意、行更好地得以统一，努力实现"教学评"一致性。

又如海珠区实验小学李立芳老师的《我们当地的风俗》一课，整个单元的活动在"争当广州文化代言人"这一大情境背景下开展。在课时的教学评价设计中，第一是指向核心素养的学习效果，第二是注重表现性评价与课堂教学相结合，实现了教学评的一体化。

需要说明的是，评价往往也依托于一个个情境。如前所述，教学的最终目的是使学生在未来可以成功地解决真实情境中的复杂问题，既然目的指向的是"为了真实情境"，那么学习就应该"根植于真实情境"。情境不仅应该渗透于教学过程，同时也应该进入评价，从而引导教学和学习。

如今，大中小学校思政课堂内外，内容新颖、形式活泼的教育活动越来越丰富。基于教学评一体化的情境体验教学模式，使思政课堂成为充满活力的，内容丰富的动态活动，让学生在真实情境体验中，提升自己的能力，知行合一。

（本文为作者在海珠区小学道德与法治学科教研活动中所做的主题为"基于教学评一体化的情境式教学"的讲座。）

用好法治专册教材，提高法治教育实效

——广州市海珠区统编教材六年级《道德与法治》培训专题讲座

9月27日，海珠十位中小学教师有幸到广州市市委礼堂参加表彰大会，会议规格很高，市委领导宣传部部长亲自颁奖。我们思政课老师迎来东风——习近平总书记对思政教师的讲话，大大提高了我们思政学科教师的地位。连我的微信朋友圈这两天也发生了小震荡。这周三一大早连发了两条新闻——原来五部门联合印发了《关于加强新时代中小学思想政治理论课教师队伍建设的意见》。其中关键词有：专职教师、激励机制等。

老师们，大家盼望已久的专职教师岗位就要来了，我们思政教师受到前所未有的重视。你看，别的学科不曾有的论文比赛，我们有；别的学科羡慕的小课题，我们有；别的学科没有的教学技能比赛，我们也有。作为思政教师，我们有很多的培训机会去提升自己的教学水平；我们有不少的比赛机会去争取成绩；我们现在更有专门的队伍建设意见，专门的激励机制，副高比例提升，我预感对思政教师的倾斜政策会更大。

今天围绕思政教学所做的主题讲座有三大板块内容：一为理解专册设置的意图；二为明确专册的单元内容；三为法治教学实施的建议。

一、理解专册设置的意图

一线的非专职老师们拿到教材时可能都有这样的困惑和矛盾：本来品德就难上，还弄出一本法治专册，老师自身素质达不到教材要求；法律的严肃性与教学的趣味性也不符，那是难上加难的活！这法治教育为什么都集中到六年级上册，就不能分散到高年段的几册教材中吗？

通过一个月的磨合、培训、思考，希望大家会有这样一个转变：从最初的"为什么不讲学生熟悉，对生活有用，能调动学生兴趣的法律法规"的不理解及抵触情绪，到一轮之后的"这样设计系统，严谨，法律味儿更足"的教学思考与实施。

这给我们的几点启示：

1. 基础与衔接——初中阶段的法治教育不是零起点，它与小学教育相衔接。

2. 依据与难度——法治教育的难度是有依据的，是基于学生的认知和接受能力的；基于课标与法治大纲的。

3. 认同与接纳——从法治教育对未来公民培养的重要性角度去认同法治专册设置。

六年级上册和八年级下册设置为法治专册，为的是树立学生的法治观念，养成自觉守法、遇事找法、解决问题靠法的思维习惯和行为方式。

二、明确专册的单元内容

六年级上专册共有四个单元9课，纲目分别讲的是生活与法、公民与法、国家与法、社会与法。

我们先认识教材的构成要素，高年段的《道德与法治》每课都由课题、二级标题、正文、栏目、范例和主持人等要素构成。二级标题是课文重要组成部分，每课由3个二级标题组成，为课时划分提供依据，一个标题一课时。本册教材还有不同类型的栏目，包括活动园、阅读角、知识窗、小贴士和相关链接。后面总览分析会讲到如何用好这些栏目。

教材第一单元《我们的守护者》讲的是宪法，重头戏是让学生树立宪法意识和崇尚宪法的精神。第二、三、四单元分别是公民与法、国家与法、社会与法，关键让学生感受法律、认知规范、了解作用，最终能知法守法、依法维权。

整册教材就是循序渐进的法律体系。它以《中华人民共和国宪法》为依据，始于宪法核心，落脚点为学生能知法守法、依法维权。

我们细看每个单元的总览。按正常教学进度，大家已经完成第一单元的教学了，在此就略过分析了。

接着看第二单元总览，本单元重在培养公民意识，相关的《宪法》是第三十四条："中华人民共和国年满十八周岁的公民，不分民族、种族、性别、职业、家庭出身、宗教信仰、教育程度、财产状况、居住期限，都有选举权和被选举权；但是依照法律被剥夺政治权利的人除外。"在教学时要重情——认同自己的公民身份；讲理——理解公民身份的要求；导行——珍惜自己的公民身份。教学中要强调公民权利和公民义务是相辅相成的，不能只享受权利，而不尽义务。

这单元相对还是比较好讲解的，毕竟无论认识公民身份，还是权利与义务，都和学生生活相近，活动也容易开展。

再看第三单元总览，本单元内容较多，对学生而言相对较难。本单元重在帮助学生初步认识国家机构，了解国家机构的职能及运行，引导学生关心国家发展，积极参与公共事务，逐步形成国家认同，树立法治意识和国家观念。教学时，从熟悉的生活入手，开展"火眼金睛找机构"活动，体会国家运转、人民生活需要国家机构；利用视频、报纸等最新的时事报道，结合当年的两会，认识国家不同的国家机构及其职权；用好教材或家长资源，结合国家机关及其工作人员的工作现状，体会人民是国家的主人；讲好同龄人刘力的故事，体会人大代表的产生；依据条件，开展走进政务大厅的活动，认识机构，了解职责，体会国家机关及其工作人员依法行政，为人民服务；利用12345热线向政府部门反映和解决问题。

第四单元是六上最后一个单元，也是法治教育的落脚点。学生通过前三个单元的学习，对法治体系有了较为系统的认知，能够从法律的角度认知日常生活现象和社会行为。通过本单元的学习，让学生知法守法，依法维权。教学中要结合学生受教育的实际，引导思考享受特殊保护中，如何落实自己的义务；利用青少年犯罪的现象，既要从法律特殊保护的角度作分析，也要从青少年自身良好习惯养成的角度做引导；结合学校、社区等开展的各类活动，引导学生体会并珍惜法律给予未成年人的关爱；结合未成年人的特点，既鼓励学生学会维权，同时更注重引导学生结合实际情况，学会自助、求助、智为。

在告诉学生利用12345热线向政府部门反映和解决问题时，同时需提醒学生使用权利要依法依规。我校就曾经发生过这样一个让我们啼笑皆非的投诉事件。教育局反馈到校要校长亲自处理一个政府门户网站受理的投诉，具体内容就不说了。我让班主任一查投诉留下的电话就找到了投诉者，了解事实后发现学生是言过其实了，问他为什么不先向家长反映，不先向学校反映，而直接投诉到政府网站上，他说我想试试是不是真的有用。现在的学生都很"鬼精"，接下来在上课时，我一定会提醒他们，要维护好自己的权利，但也不能滥用权利。

三、法治教学实施的建议

（一）增强法律知识储备，提高底蕴

法治专册法律专业性强，教师需要有良好的法律知识打底。了解一些法律术

语，知道典型的法律案例，例如，教学前先要弄懂法律和道德、纪律的区别；青少年不良行为，严重不良行为分别有哪些；未成年人不同年龄在法律上的意义；"一府一委两院"、国家机构和非国家机构指的是什么……

专业基础知识关键靠自主学习：统编《道德与法治》教材和教师用书是最权威、最贴心的学习资源；阅读《中华人民共和国宪法》和《青少年法治教育大纲》；观看系列研究课、央视频道法治专题微视频，思考教学，积累资源。正如《教师用书》上编者写道：要"快餐"还是要"发展"？要应付着上课，拿着《教师用书》也就能上了，但想在专业上好好发展，还得要走心。

（二）抓住法治专册的特点

1. 导向明确，德法兼修。现在我们要的是既有法治味道，也要有德育味道，二者融合兼顾的课堂。

2. 科学严谨，生活相随。法律部分内容表述很严谨，但也要找到与学生生活相关的切入点，让学生明白法律一直在身边。

3. 方法指导，行为落实。通过不同的栏目、练习，让学生懂得知识，并能分辨、分析，实际运用来维权。

（三）坚持儿童立场，紧密联系生活

1. 紧密联系儿童生活。只有与生活联系起来，法治教育才会显得鲜活有趣。只有与生活联系起来，教学才会变得有意义。更多采取实践式、体验式、参与式等教学方式，与法治事件、现实案例、生活中的法律问题紧密结合，注重学生的参与、互动、思辨，让学生感受到法律真的和自己的生活密切相关。

2. 兼顾法言法语与童真童趣的关系。要注意平衡两个关系：既要体现法治精神、理念、原则，力求准确，同时呈现方式上要充分考虑并体现学生特点。采用学生可以理解的语言，将法治的精髓蕴含其中，避免过于生硬和僵化，兼顾严谨和活泼。

（四）采用多种适合的方法

法治教学以多样且有效的活动形式为基本，保证学生主动且有效地参与。我们的学科教学是正式的、系统的；在此之外，学校也可以开展有针对性的、学生感兴趣的专题教育；还有课外的实践活动，让学生能实操，有体验。如开展以案说法、模拟法庭、法治辩论、知识竞赛、法治宣传、参观法院、庭审观摩、法治情景剧、宪法演讲等形式的活动。只要用好教材，用好栏目，激活功效，就能增强学生的体验。综合运用故事教学、情境模拟（如法庭模拟）、角色扮演、案例研讨、价值辨析等多种教学方法，让法治教育为学生喜闻乐见。

法治教学中更多用到案例教学法，一个好的故事，一个好的案例，既要求"新"，也应求"近"；既要求"精"，也应求"实"。

新，就是新颖，应尽量避免翻来覆去地举一些老例子；

近，就是贴近，不妨多用学生平时耳闻目睹的事例，有亲近感和现实感；

精，就是精当，含有很深的哲理，耐人寻味，发人深思，道理在其中；

实，就是真实，切忌道听途说、捕风捉影。

最近，讲到宪法权威时，学生就提到了香港的暴力事件。学生的时事触角也是很敏锐的，他们对事件有正确的看法，价值观十分正！这些时事新闻就是很好的案例题材，通过思维碰撞，学生很容易就明白了追求自由民主也不能违反一国两制，不能有任何违宪行为。

（五）利用好各类资源

这个时代不能单打独斗，我们要利用好一切可以利用的资源，社区资源、家长资源、网上资源，以及区中心组的资源，提高备课的效率，减轻备课的负担。

例如，海珠区东风小学的洪小瑜校长在之前上社区生活内容时，就曾经联系学校所在社区居委会，开展一天小助理的活动，带学生分批在课后到居委办公地点上班，让孩子亲身体验社区工作人员的工作。

第三单元讲到国家机关时，我们更要善用家长资源，请那些在国家机关工作的家长介绍自己工作现状，可以是录像或者亲临课堂。我班上《生活与法律》一课时，也是借用家长资源，让孩子采访家人了解他们工作生活中涉及的法律故事。

平时多关注公众号：广州普法、法骨朵推送的案例；学习强国APP会给予你正确的价值导向；中国教研网、青少普法网有教案、课件和视频、动漫；留意海珠区思政教师交流群。特别介绍一下青少普法网，栏目宪法活动——法律知识在线学习，适合学生在节假日开展普法学习。视频也可以直接下载使用，简直太好用了！

最后，与大家共勉：不忘初心，砥砺前行！愿我们在道法教育路上能越走越远，越走越轻松！

（本文为作者在海珠区全区教研活动上做的"用好法治专册教材，提高法治教育实效"讲座内容。）

尊重每一个学生

——再读《法治进校园精品教程》有感

新学期，我任教的六年级《道德与法治》正好是法治专册。也就是说新的一个学期，我要充当"法律人士"，以小学教师的身份力求和小学生讲好法治。心虚的我得趁假期好好充实一下自己的法律知识，好当这个"专业人士"。

还记得任教上一届六年级时，在上第一课《法律作用大》时，出现了一段"不和谐"的声音。我让同学们说说在学校里，法律又能起到什么作用的时候，一个平时就爱闹的男孩子应声而出："《未成年人保护法》保护我们，老师不能罚我。啦啦啦……"他兴奋地跳了起来，脸上那笑容分明是在挑战我的忍耐度。

在课堂上我按压着自己的气头，平静地对全班同学说道："是的，同学们有《中华人民共和国未成年人保护法》《中华人民共和国义务教育法》保护着大家健康成长；而老师呢，也有《中华人民共和国教师法》和《中华人民共和国义务教育法》保障教育教学工作能顺利开展……"

课后，跟朋友说起这事，静下心来想想，其实这孩子也没有说错话啊！"尊重每一个学生，以学生为主体"，是现代教育的精髓。事实上，要保证维护学生的合法权益，应该注意哪些问题？为了上好法治专册，我在假期里再细读了《法治进校园精品教程》。在阅读反思中，越发觉得在校园开展法治教育过程中，教师首先要爱护学生的生命，守护学生的幸福，尊重学生的人格和权利。

一、要满足学生作为人的正常和合理的需要

近年来，"隐私"这个字眼越来越被普遍使用，人们对隐私的认识也越来越多。隐私，既是一种心理需要，也是个人的权利。实质上来说，隐私是一种个人行为，是个人生活的一种表现形式，是个人生存发展的需要。随着社会与时代的

发展，对保护中小学生的"隐私"也有了一定的要求。

其实在学校里，教师可能时常在不知不觉间侵犯了学生的隐私。比如说公布学生的成绩，以前是百分制，现在改为等级制，是否就能公布呢？一直以来教师觉得这是一种教育方式，是教育测试不可缺少的一个环节。事实上，学习成绩作为个人的一种隐私，学生可能不希望别人知道。又比如，有的学校为了教育孩子，让那些以前经常违反纪律，后来在老师和同学帮助下变成好学生的"榜样"现身说法，这使学生很为难，因为谁也不愿意把自己不好的过去向大家展示。

其实，未成年人的隐私权也受到法律的保护，在《中华人民共和国未成年人保护法》第三十条中明确规定："任何组织和个人不得披露未成年人的个人隐私。"以后教师说话、做事就要注意了，因为教师、学校有义务来保护学生隐私这种权利。

二、要尊重学生的人格和尊严

苏霍姆林斯基十分强调尊重学生，使每个学生都抬起头来走路。尊重学生就要尊重学生的人格。教师和学生在人格上是完全平等的，蔑视学生人格，就是蔑视教育。一些青少年被腐蚀，往往都是从人格上被腐蚀打开缺口的。因此，对一般学生的教育，批评可以言辞严厉，但不能采取诸如讽刺挖苦、侮辱人格的做法，也禁止体罚学生和变相体罚。苏霍姆林斯基认为，心理意义上的教学是人和人心灵的最微妙的相互接触。在教学中，师生关系应建立在以理解为主的基础上，双方保持平等关系，教师不是课堂的主宰者，学生也不是课堂的"奴隶"。

虽然现在《中小学教师实施教育惩戒规则》规定教师可以用惩戒手段教育学生，如罚站。但罚站多久、罚站在哪里，这些也是有要求的。"过犹不及"，过量过度就损害了学生的人格和尊严了。

三、要向学生提出严格而合理的要求

马卡连柯认为："当我们对一个人提出很多要求的时候，这种要求也就包括我们对这个人的尊重。"严格要求与尊重信任是辩证统一的，权利和义务也是相辅相成的。有些人担心，由于孩子的思想还不成熟，容易偏激，他们会不会"滥用权利"，过多地强调"这是我的权利"，会不会使他们从小就以自我为中心，长大以后经不起挫折。针对这种担心，我们在赋予学生权利的同时，更应该清楚地告诉他们应尽的义务，对他们提出严格而合理的要求。赖卫红校长常说一句话：严管就是厚爱。同样的是"严师出高徒"。严格要求应该是合理的、善意的、可理解的和现实的。而对于未成年人的权利，也要有正确引导，让他们从小明白权利与义务是一体的。

感谢那节课上发出不同声音的男孩子，让我重新审视了自己的教学。事实上，如果不赋予学生主体的地位，使他们觉得自己受到尊重，懂得并维护自己的权利，孩子又怎会迅速成长起来呢？千万不能忘记，尊重每一个孩子，这是我们作为教育工作者的义务！

以时事切入教学，开阔学生视野

近年来，"时政述评"的热度从中学开始"热"到小学了。时政述评作为一种新闻评论形式，旨在针对当前时事政治或社会热点问题进行分析、评价，并引导公众的思考和讨论。2023年10月开展的第四届广东省中小学青年教师技能大赛小学道德与法治组比赛中，就专门设立了"时政述评"这一比赛项目。

回顾我的思政课堂，原来从好早之前，我也尝试以时事切入教学，来增加学生学习思品课的兴趣。有言道："兴趣是最好的老师"。当学生对一样事物一个科目产生了兴趣，他就会专注去探索去学习。如何让思政课成为学生有兴趣的学习科目，让课堂更活跃，便成为我教学设计上的一大重点。

新课程改革呼唤现代学习方式的转变，为此，当年我根据《小学思想品德课和初中思想政治课课程标准》的要求，改变传统的德育教学形式，采取了"体验式"的活动德育教育教学模式，让学生在实际生活中认知、体验，并在日常生活中作出自主的选择。这种体验式教学模式提倡让学生在实践中自己去体会、去消化个中的道理。由于教学形式新鲜活跃，贴近学生生活实际，因此，提高了学生上课的积极性。

为配合新课程改革的要求，我在课堂设计上较注重加入活动环节，例如，在课前让学生做资料收集的活动，课间进行体验活动，课后设计相关的延伸活动。通过活动让课堂更生动，让道理更易为学生接受。而"万事开头难"，一节好的课要在一开始就吸引学生，就必须要有能吸引学生的导入方式，从一开始就抓住学生好奇的心。

当年国内教育界有个心理教育的热门话题：马加爵凶杀案。新闻对此案件也作了详细的报道。在教学《不计前嫌》一课的导入环节时，我试与学生讨论起近期热门新闻，学生都兴致高涨地说道：老师，我知道马加爵。他们一个接一个介绍起案件来，都是十足小侦探的架势。于是我顺势抛出讨论问题：假如马加爵能怎样做，这惨案可能就不会发生，五个家庭就不会破碎，世界会更美好呢？学生们都热烈地讨论起来，自然不用老师费劲，他们已深深体会到：如果每个人能不计前嫌、宽容待人，世界自然会更美好。那节课效果不错，于是激发了我的灵感：何不尝试以时事切入教学，提高学生学习兴趣，拓宽学生的视野？

一个学期来，在思政课堂上，我与学生谈"台湾地方选举"、"保钓行动"（教学《台湾是中国的领土》）、论"伊拉克局势"（教学《献身祖国的国防事业》）……在一次次的谈天说地、论尽国内外时事当中，学生的兴趣被调动起来，畅所欲言，从现实事件中得到深刻的启发，受到心灵的教育。接近学期末，我还组织了一次"十大新闻"评比活动，让学生从大半年的国内外时事中评选出最有价值的十大新闻。通过活动，进一步拓宽了学生的视野与新闻触觉。

从上课与学生讨论时事的情况来看，五年级的大部分学生较关心时事，对时事有个人见解。教师若能在课堂上紧贴时事，以事论是，就更能提高学生的学习兴趣，也借此方法促进部分不太关心时事的学生要关心世界，这样在课堂上才能和老师、同学交流。小学生都有表演欲，若教师能在课堂上为他们创设一个表现的舞台，他们大都乐于表现自我。

现时，时政述评其要求可以归纳为以下六个方面。

1. 选题恰当，贴近时事。

时政述评应选取具有重大性、影响深远且与广大人民群众生活紧密相连的时事政治或社会热点问题。同时，选题需具有时效性，能够及时反映当前的社会动态和变化。

2. 事实清楚，资料准确。

述评应基于充分的调查和事实依据，确保所引用的数据、事件等准确无误。信息来源应可靠，可以从政府公告、新闻报道、专家解读等权威渠道获取。

3. 观点鲜明，论述有力。

述评需有明确的立场和观点，能够清晰地表达作者对事件的看法和态度。能从多个角度对事件进行深入剖析，揭示其背后的原因、影响和意义。论述过程应逻辑严密，条理清晰，能够说服读者接受自己的观点。

4. 语言生动，易于理解。

讲述时采用生动形象的语言表达，使述评更具吸引力和感染力，确保读者能够轻松理解。

5.针对性强，有建设性。

述评应针对具体问题展开分析，避免泛泛而谈。在分析问题的基础上，提出具有建设性的意见和建议，为解决问题提供参考。在述评过程中应保持客观中立的态度，避免个人情感色彩的干扰。

6.关注社会，传递正能量。

时政述评作为社会舆论的重要组成部分，应承担起社会责任，传递正能量。通过深入剖析和理性评论，引导公众形成正确的舆论导向。

综上所述，时政述评的要求涵盖了选题、资料、观点、语言、针对性、客观性以及社会责任等多个方面的综合要素。以时事切入教学，这既能提高学生的学习兴趣，又能拓宽学生的社会视野和思维能力，让学生在感悟中自我教育，可谓一举多得！

如何进行品德课"课前调查"

新课程实施已经三年的时间，在新课程的理念下，对课前调查活动的地位与意义，相信大家都不会质疑。让学生进行课前调查是百利无一害的，这项活动在品德学科的教学过程中占有着重要的地位。

一、课前调查活动的意义

1. 课前调查好比课前预习和准备，可以让学生广泛接收信息、丰富课堂上的学习资源。课前调查使学生看到教材以外的更多的东西，获得更多知识和更丰富的体验，它是教材的延伸，使课堂教学资源得到丰富，让课堂更加生动和圆满。区教研员郑爱华老师经常说一句话：我们要用好教材，但不能只局限于教材。课前的资料收集活动正是师生共同扩展教材的过程。

2. 课前调查是很有必要的，它是学生通过自身发现、探索，从而感受的一个认识过程。学生有了亲身经历才有所体会，在体会中深化和升华，从而受到教育，这样的学习过程是无拘无束的，学生是乐于接受的，因此使教育达到一个"水到渠成"的良好效果。

3. 课前调查使学生自主发现生活的知识、问题，通过调查有了实践体验，学生在课堂上才能有话可说，才会有感而发。课前调查使学生在课堂上的表现将会更主动更积极。《品德与生活》《品德与社会》与学生的现实生活关系非常密切，有些课如果缺乏必要的调查是很难上的。如五年级下册的《社区民主生活的启示》一课，如果课前学生完全没了解过人大代表、民主投票是什么，那在课堂上教师恐怕要花很大力气去解释，到头来学生也未必听明白是怎么回事。

4. 课前调查使学生收集、整理资料的能力得到提高；对提高学生尤其是中高年级学生的认识水平和实践能力很有意义。那当然，对学生的能力的培养并非一朝一夕的事情，教师对学生的指导，会使学生在渐进的过程中逐步提高个人的能力。

5. 在调查过程中，学生也可能生成对问题的新的看法或不断修正旧有的观点。这不仅提高了学生的思考能力，也是学生自我教育的过程。比如，在某节课前，教师了解到有学生会有这样的疑惑：既然黄海大战我方惨败，那邓世昌还能算是英雄吗？通过进行课前调查，学生就会不断修正自己的观点，知道邓世昌的牺牲是为民族的利益，是虽败犹荣的。

但在日常的教学中，往往会出现学生不把课前调查准备当一回事，或者因为调查不到位等种种原因，影响了课堂学习效果和教学效率。本文旨在通过一些教学案例的叙述，寻找学生进行课前调查准备活动的更有效的方法和途径。

二、课前调查遭遇的尴尬

尴尬一：在进行人教版十一册《相信科学不迷信》的课前调查时，教师要求学生调查有关封建迷信的资料。结果学生很认真地收集到各类迷信的形式，包括看手相、鸡仔裤、神婆捉鬼、算命等。但是在课堂上学生只是汇报出迷信活动的各种形式，而对这些迷信的危害性却知之甚浅，课堂变成了"封建迷信"新闻发布会，这节课完全达不到教学目标。

尴尬二：人教版十二册《怀念邓小平》，现在的小学生对这位伟人的了解很少，于是在课前进行资料收集和调查是十分必要的。这次教师要求学生自由选择收集有关邓小平的生平、我国改革开放或改革开放后我国发生翻天覆地变化的资料，这次教师指导课前活动的方向性明确了。但到展示活动时，却发现三个大组都"撞车"了，学生因为在课前准备时都挑易避难，三个组收集的都是邓小平的生平资料，出来汇报虽然形式不同，但内容几乎一样，只有一个组对改革开放的前后变化作了简单调查，于是课堂上就显得单调、沉闷了。

课前的调查准备工作，大都要求学生在课外完成，完全是开放式的，一定程度上教师较难调控学生课前调查准备工作做得如何，因此，对课前调查活动，引发了我如下的思考。

思考一：如果学生对课前调查没有兴趣，该如何是好？

思考二：教师应如何来引导学生做好课前的调查准备？

思考三：上课时发现学生没做好课前的调查准备工作，教师该怎么办？

其实，种种的疑惑，都可归结为一点：课前调查活动，怎样才能更有效？

三、如何进行课前调查

1. 课前调查的目的要明确，任务安排要具体。课前调查要根据教学的需要去布置，如果完全陷于模式、流于形式，为调查而调查反而会适得其反。如《相信科学不迷信》一课的教学目标之一是"让学生树立抵制封建迷信思想的观念"，那就不能让学生只知道迷信的形式，还必须让学生知道封建迷信的危害性。教师指导学生进行课前调查，应该要求学生分组收集不同形式的迷信活动，及其危害性。这样就在课前活动阶段就已经使学生对迷信的本质有了初步认识，激起了学生对迷信现象的厌恶。课前调查目标的确立依据，必须符合教学目标，教师要严格把关，更要明白无误地告知学生。

2. 调查的内容的选择要密切联系生活。并非所有专题内容都必须要开展正正经经的调查研究，如四年级一课《怎样看电视》，学生对电视的熟悉程度可能比教师还深，所以对学生非常熟悉的专题和与学生生活相去较远的专题在处理上是应该有区别的。教师可收集学生感兴趣的问题，将大多数学生感兴趣的问题归纳为调查活动的主要任务问题；然后对活动主题进行有效分解，可考虑由不同的小组承担不同的子问题的调查。我们可尽量选择学生感兴趣的专题让学生进行课前的调查活动。我们可以记住一句话："品德与生活（社会）课程基于学生的生活经验"。

3. 让学生明确了调查目标和任务后，教师还要在调查的方式方法上加以指导。在实施中，要安排好时间，保证学生有相对独立的时间完成调查，以免使课前的活动成为学生的课业负担；教师也要适当为学生提供相关的调查方式和渠道，让学生对相关问题进行探索和了解。例如：请学生查阅书籍或在网上查询资料，可给学生相关的书名或网址，使学生减少盲目性；去商店进行调查，给学生讲清商店地址外，还要提供商品名称；询问专业人士，要给学生讲明哪些方面的专业人士；说明需要准备哪些器材等，以确保调查准备的有效性和可行性。

4. 要考虑学生的能力和可行性，让全体学生都参与。每个学生的学习能力有所不同，能力高的当然可独立完成调查，能力弱的学生有时很难完成独立的调查，这时可发挥小组的作用。对不同年段学生的要求从内容到方式也应有所不同，因而教师要采取不同的适当的指导。低年级的课前活动请不要忽略了家长的作用。绿翠小学的姚老师上一年级《我这一年》时，就设计了一份调查表，让家长配合帮孩子量身高、体重，及写进步之处和评语等。

5. 教师融入学生中，与学生一起积极作好课前的调查准备工作，与学生共同探讨。这样不但有利于激发学生探究的欲望，也能使教师更好地调控学生的课前调查准备工作。这样就不会出现如上所讲的《怀念邓小平》的课堂上，学生收集资料过于雷同的尴尬。另外，教师也可随时引导学生用适合的方式来做资料汇报，如小品表演、问答竞赛、录像资料和自制幻灯片的演示。我们老师经常会说：上课四十分钟，课前准备往往不止四十分钟。

6. 在平时的教学中，教师还要注意培养学生关注周围事物的兴趣，掌握科学的探索方法。鼓励学生大胆地发现问题，提倡学生根据自己的需求去进行调查准备。这样就是给学生"授之以渔"，让学生慢慢学会怎样做调查研究。

我相信，教师在指导学生的课前调查时，能有前瞻性地注意到以上的几点，再遭遇尴尬的机会会减少，但作为教师不能完全将课堂上的准备工作都交托给学生就完事了，我们也必须做好我们备课时该做的工作。这样能有效地补充学生在调查准备中的不足，使品德课的课堂充满生机和理性。

在品德课上要促使学生良好品德的形成和社会性的发展，必然要依靠活生生的生活；品德课作为一门综合课程，它的培养目标也体现出综合性，如对自然、历史、社会常识的了解和掌握，良好个性的形成，培养科学意识和劳动技能，学会合作与交流等等，这些也是光靠书本不能实现的，有必要让学生参与到实实在在的生活当中去。而课前的调查活动，对于生活经验尚浅的小学生来说，是参与生活的一种有效方式。

（本文获第三届广佛肇教师校本行动研究暨第八届广州市校本研究及教师发展学术研讨会论文一等奖，并在大会上宣读。）

予情予趣
——教学实践篇

　　从教小学思政课至今有二十五载，见证思政课程的一路发展。早期教材为《思想品德》，再改为《品德与生活》《品德与社会》，到2017年义务教育阶段品德教材统一改为《道德与法治》。一线教师备课撰写教学设计的形式也在不断改进中，从最开始的普通文本样式，进阶到学科的表格式教学预案，再到现在使用的广州市中小学思政课新结构单元整体教学设计模板，差别是挺大的。但不变的是，我一直追求"予情予趣"的思政课堂，追求全方位、跨学科育人。在教学中，多采用故事教学、游戏教学、活动教学等，让思政课堂充满活力和趣味。

　　在此选择各阶段所设计或执教的获奖课例、活动案例等，与思政人一同回顾思政教学的发展历程。

传承红色基因　做新时代少年

——《道德与法治》五年级下册红色教育作业设计

一、单元作业的设计

（一）课标要求分析

《义务教育道德与法治课程标准（2022版）》课程性质指出："为培养以实现中华民族伟大复兴为己任的有理想、有本领、有担当的时代新人打下牢固的思想根基。课程具有政治性、思想性和综合性、实践性。"小学道德与法治课程是推进"四史"教育进课堂的主阵地，其中五年级下册第三单元《百年追梦　复兴中华》的教学内容正是"四史"教育的绝好载体。本单元包含了革命传统教育：了解近代历史人物、榜样人物，感受人民军队英勇顽强、不怕牺牲的革命精神；了解中国共产党的成立以及中国共产党带领中国人民取得革命胜利的历史，初步了解马克思主义中国化的发展进程，知道全心全意为人民服务是中国共产党的根本宗旨，激发热爱中国共产党的情感。

为了更好地落实培育政治认同这一学科核心素养目标，凸显德行，提高本单元教学的有效性，广州市海珠区凤江小学道德与法治学科组基于教材解读，把握历史叙事的逻辑线索，设计了让学生沉浸式参与的红色教育单元实践任务单。在中高年级作业设计中，尝试让学生收集、阅读、宣讲和表演历史故事，结合参观学习等实践活动来实现单元目标，提升学生学习红色革命单元的兴趣，让学生在了解史实的基础上，感悟仁人志士、先烈们的革命精神和爱国精神，继承和弘扬以爱国主义为核心的民族精神和以改革开放为核心的时代精神，感悟党的英明伟大，从中获得国家认同核心素养，提高本单元教学的有效性。

（二）学情分析

小学生的年龄特点决定了他们的"四史"学习，主要是通过讲读红色故事来感悟其中蕴含的精神。在中国的近代史中，仁人志士谱写了无数可歌可泣的爱国篇章，红色革命故事比比皆是。基于五年级学生易于接受和理解历史故事的认知特点，且具备一定资料收集能力，结合我校道德与法治学科开展的《运用故事教学法，提升小学低年段法治教育有效性的研究》课题的成果推广，我校道德与法治科组在中高年级的作业设计中，主要通过让学生收集、阅读、宣讲和表演历史故事，结合参观学习等实践活动来实现单元目标，提升学生学习红色革命单元的兴趣，提高本单元教学的有效性。

（三）作业目标设计

1. 开展红色经典阅读之旅，在故事的宣讲和演绎中感受英雄主义教育，坚定信念，勇往直前。

2. 积极参与学校及社区的"红色阵地"的建设，学党史，知党恩。

3. 争当红色宣讲员，弘扬共产党百年辉煌，继承和弘扬以爱国主义为核心的民族精神。

（四）作业内容

为了更好地落实国家"双减"政策，推进学生五育并举全面发展，进一步深化爱国主义，传承红色基因、弘扬革命精神，凤江小学道德与法治学科组结合少先队大队部开展了形式多样、精彩丰富的"红色教育"系列活动。

结合我校"活力教育"的办学理念，每个年级根据道德与法治课程的单元主题，设计不同层次的单元作业，让学生有选择性地在社会实践中了解中国传统文化及广州的革命传统，培养学生热爱祖国、热爱阅读、热爱科学、热爱劳动、热爱运动的优良品质。

其中五年级为红色教育单元主题，单元作业设计如下（图3-1）。

必做题：

阅读红色历史故事：搜集并阅读中国近代以来重大历史事件、重要历史人物红色故事，并写下自己的感受。

选做题：（任选两项完成即可）

1. 党史故事我来讲：利用午读时间到低年级讲党史故事，争取在红领巾广播站宣讲红色故事。

2. 参观红色教育基地：参观革命旧址，进行红色宣讲或研学解说，做好记录，并写下参与活动自己的感受。

3. 红色阵地我来建：合作参与班级的红色宣传阵地建设。

4.争当"优秀红色宣讲员"：申报学校"优秀红色宣讲员"。

【单元活动任务】

图3-1

二、单元作业的实施

（一）实施过程

为了更好地落实培育政治认同这一学科核心素养目标，凸显德行，提高红色教育单元教学的有效性，我们设计了系列沉浸式参与的单元作业：阅读红色革命历史故事—党史故事我来讲—参观红色教育基地—红色阵地我来建—争当"优秀红色宣讲员"的系列实践任务单，让学生在了解史实的基础上，感悟仁人志士、先烈们的革命精神和爱国精神，继承和弘扬以爱国主义为核心的民族精神和以改革开放为核心的时代精神，感悟党的英明伟大，从中获得国家认同核心素养。

1.小组合作收集和阅读红色革命故事。

这是针对课堂设计的活动环节布置课前收集相关的红色故事，并写下自己的感受。这项任务能调动学生了解历史的兴趣，在阅读、搜集资料的过程中让学生了解、认识和感悟先辈们走出苦难、复兴中华的艰难历程，树立奋发图强的爱国志向。增加学生对单元主题的了解，有利于丰富课堂，拓宽学生的社会视野，为课堂汇报、老师的情感价值引导铺垫。学生搜集的历史人物故事，会让学生自评和小组评，然后择优在优秀作业展示栏里展示，让同学们围观阅读。

　　为更好激发学生的积极性，我们还通过"红领巾爱学习"学习平台，让学生阅读更多的红色故事。平台将作业反馈纳入"争章"的积分活动，让学生在获得实践成功的同时，还能完成少先队大队部的争章任务，增强作业成就感（图3-2）。

图3-2

　　2. 自信宣讲、表演党史故事。

　　通过演读和宣讲形式，让学生利用午读或红领巾广播时间为本班同学或低年级小同学讲演党史故事。通过宣讲和讲演活动，增强课程实践性，让革命深入孩子的心中，切实提高育人成效。在这个过程中，进行自评和他评，激发了学生参与的积极性。同时五年级组建"红色经典阅读"辅导教师团队，指导学生编排大型诵读展演节目《少年英雄王二小》，该节目录制成视频参加海珠区中华经典美文表演大赛，并在校内播放，引起队员们的高度关注（图3-3）。

图3-3

3.红领巾跟党走，参观红色教育基地。

如果红色活动只停留在学校是远远不够的，走进红色博物馆、红色教育基地，走近历史，亲身感受红色文化给我们留下的力量，就得用自己的实际行动去探索，去感受。于是我们鼓励同学们利用节假日，和家人一起参观市内红色史迹（如邓世昌纪念馆、广州农讲所、广州大元帅府旧址、黄花岗七十二烈士墓、团一大纪念广场等），实地考察并拍照留念，撰写参观后感受。优秀的少先队员们纷纷迈开步伐，直接参与红色文化研学活动中去，涌现了大批的优秀宣讲员。

4.红色阵地我来建，百年党史永不忘。

结合大队部的中队红色阵地建设，发挥队员们的主动性，让队员们沉浸在红色班级文化氛围中，潜移默化，让红色教育深入人心。同学们在辅导员的指导下分别在学校的大队、中队、小队阵地中建设党史队角，创设红色阵地氛围，让学生在耳濡目染中接受了党史学习教育的熏陶，弘扬革命精神，童心向党，快乐成长。队员们说这次活动真的很有趣。百年党史走来，一代 代，薪火相传，依旧初心不改，队员们心中充满敬佩之情和自豪之感。

5.人人争当"红色宣讲员"。

学校道德与法治学科联合大队部开展"优秀红色宣讲员"评比活动。因为有了前期的实践活动，五年级的同学表现得尤为积极踊跃，申报成功人数为学校之最。学校大队部还给优秀的"红色宣讲员"颁发奖状证书以作鼓励。同学们纷纷表示：能参加这么有意义又有趣味的活动，凤江学子幸福感真是满满的！

（二）效果分析

本次红色教育活动面向全体五年级队员，时间跨度较长又各有侧重点，活动内容多又互相融合。通过队员们亲身参与活动的整个过程、评比比赛、表演展示等方式，利用少先队红色阵地，发挥队员们的主动性，让队员们沉浸在活动中，在活动中感受，在活动中体验，真切受到队员们的热烈欢迎。参加活动的队员们，更是能牢记习近平总书记的谆谆教诲，从小"扣好人生第一粒扣子"，立志向、修品行，努力成长为担当民族复兴大任的时代新人。

1. 作业类型丰富多样，学生主体尤为突出。本单元作业设计将红色教育与听、说、写、行等形式巧妙结合，让红色作业"活"了起来。学生能根据自己的兴趣爱好，坚持问题导向，自主选择合适的时间和方式，认真细致地完成，在查找红色事件、宣讲红色故事、走访红色基地中了解到近代中华民族的抗争历史，感悟到民族英雄的革命精神，培养了思维能力和动手能力。

2. 作业内容涵盖广泛，学生知识面有效增加。学生们能根据自己对党史"思维导图"的学习思考，把握历史发展的主题主线，分解细化重大历史事件、历史人物，从不同侧面、不同角度表达出自己的所思所想，从中缅怀先烈浴血奋战、英勇不屈的革命精神，深切感悟共产党人的初心使命，从党的光辉历程中汲取奋进的力量和智慧，做到坚定不移听党话、跟党走，做一名合格的接班人。

3. 沉浸式实践活动，感悟经典革命人物。对于大部分学生来说，由于革命年代久远，自身体验有限，读文本始终是有距离感。只有为学生创造身临其境的情景，让他们沉浸在故事的情境中去感受英雄人物，感受历史故事，更容易达到共情效果。队员们利用课余时间参与到诵读展演活动，在一次次宣讲和表演中，感受到英雄人物的情感世界。

4. 涌现的大批熟悉党史，见证党百年辉煌的小能人。学校评选出一批优秀"红色宣讲员"，顺利制作多个红色教育微课小视频、党史建设小视频、节目展演小视频供全校老师使用。同时，"红色阵地我来建"获得海珠区红色教育活动系列二等奖。《少年英雄王二小》参加海珠区第十三届小学生诵读中华经典美文表演大赛荣获一等奖。

有学生家长向班主任透露，以往孩子在课外会追星，收集不少"小鲜肉"的周边。但自从学校开展了红色教育活动后，她惊喜地发现自己的女儿将钟南山和袁隆平的照片放到书桌上了。学生从对红色历史溯源，深入挖掘红色文化中的价值观念、道德规范，通过参观革命遗址，重温历史，缅怀先烈，再到让红色文化"活"起来，通过多样化的方式传承红色基因，让身边的同学和家长记起历史沧桑，弘扬长征精神，追忆红色经典。

三、案例价值提炼

凤江小学道德与法治学科的"红色文化教育"系列活动与少先队"红色阵地建设"活动深度结合，让队员们沉浸在实践活动中，学习百年党史知识，感受党的辉煌，取得良好的效果。全校师生在这一系列红色活动中，全情投入，校园学习氛围浓厚，致力于"讲好中国故事"取得明显效果，彰显凤江小学"活力教育"本色。

1. 有效整合，突出单元整体性。

本次红色教育单元作业设计，是对五年级下册第三单元的有效整合，通过收集整理—阅读宣讲—参观实践等系列任务，既能调动学生了解历史的兴趣，在阅读、搜集资料的过程中让学生了解、认识和感悟先辈们走出苦难、复兴中华的艰难历程，树立奋发图强的爱国志向，又增加学生对单元主题的了解，有利于丰富课堂，拓宽学生的社会视野，为课堂汇报、老师的情感价值引导铺垫。单元作业力求让队员们沉浸在红色教育情景活动中，团结带领广大少先队员学党史，知党恩，跟党走，从小学先锋，长大做先锋，让思政教育深入孩子的心中，切实提高育人成效。

2. 有效引导，落实"双减"理念。

在系列活动中，教师需对学生活动给予有效指导，如给学生划定搜索有效信息的范围，指导学生查找资料的方式，可通过《习近平新时代中国特色社会主义思想学生读本》、"红领巾爱学习"平台、"学习强国"网站等落实检索方法的指导。这样避免了学生在网上大海捞针及难以查证资料的有效性，培养学生查找、搜集、整理资料的能力，提高完成作业的效率。故事资料的记录形式可图文并茂打印出来，避免了大篇幅的机械摘抄，体现道德与法治作业的实践性，符合"双减"政策的理念。

3. 强化实践，体现红色教育的互动性。

红色教育活动如果只停留在课堂里是不够的，课堂学习只是教育的开始，让队员们走出课堂，在校园内和广州各大红色宣传教育基地学习宣讲，能加深孩子对历史的理解。

我们设计的选作作业是课堂学习的延伸，引导学生在校园内（低年级、红领巾广播站）和革命旧址、红色宣传教育基地进行红色宣讲或研学解说的实践活动，让孩子们亲身参与，真正走进红色活动中，把学生课堂的所学延续到生活，增强课程实践性。学生在探究过程中不再是简单地阅读资料、复述史实，而是学习用历史的、实践的观点看问题，自主解决困惑。在此过程中，学生的自主探究能力、思维能力和社交能力都将得到锻炼，为其建立科学的世界观和方法论，提升生活智慧奠定基础。

4. 多维评价，走红色路育爱国心。

我校的"红色单元作业设计"以学生的探究性、实践性活动为主，以发展学生道德与法治核心素养为目的，引导学生在校园内和校外进行多种形式的实践活动。通过"收集红色资料—阅读宣讲红色故事—参观红色基地—建设红色阵地—争当红色代言"等系列项目任务，让学生亲身参与，真正走进红色活动中，把小课堂的所学延续到社会大课堂。少先队员们沉浸在"红色教育"情境实践活动中，通过个人自评—小组互评—家长评—老师评等多维评价方式检验项目学习效果，改进学习方式方法。同时评价维度上不止单看小组的学习成果，更为注重成员们在学习过程的收获和感受。

四、活动成效与反思

凤江小学道德与法治学科五年级红色教育系列活动与少先队阵地建设活动深度结合，让队员们沉浸在活动中，学习百年党史知识，感受党的辉煌，取得良好的效果。

1. 创设红色教育班级文化氛围。

环境是无声的育人之地，引导队员们学习党史，离不开环境的布置。围绕主题进行班级文化氛围的创设，能带领队员们走进百年党史的学习。学生每天来到教室，自然而然地就会关注这些红色教育内容，再通过小组合作交流的方式，人人参与到学习中来，人人学党史，参与知识问答，活动意义明显。

2. 与读本活动、探究实践融合。

学校的任何教育都不是割裂的，思政教师的引导地位尤为突出。本次红色教育活动结合新教材《习近平新时代中国特色社会主义思想读本》内容，引导广大少先队员们参与到红色宣讲员活动中来。红色教育活动实现了让队员们走出学校，到广州各大红色宣传景点参观学习的目标。在这些红色展馆里，更能加深孩子对历史的理解。

3. 助力学生的专业成长。

（1）学生对资料的筛选、分析能力得到了提高。学生在网络上查找资料如同大海捞针，较难查证资料的有效性。在完成本次项目式学习过程中，通过教师的指导，根据时间脉络思维导图，制作历史故事集和参与红领巾红色阵地建设的过程中，学生对资料的筛选、分析和研究的能力得到了有效提高。

（2）口头表达能力和社交能力得到锻炼。学生在课堂上分享革命人物故事，在低年级、红领巾广播站和红色宣传教育基地进行红色宣讲或研学解说的实践活动，口头表达能力和社交能力得到一定的锻炼和提升。

（3）合作意识和责任感得到提升。通过小组合作完成项目任务单，学生合作探究、解决问题的能力得到提高。每个同学在每个小组里面会扮演不同的角色，担任不同的分工，学生必须在完成自己的任务的前提下，帮助小组完成任务，合作意识和责任感得到提升，发展了思维能力。

（4）核心素养得到提升。通过本次"红色文化"项目式探究学习，学生知道了更多在那段屈辱历史中的为救国救民、奋勇抗争的英雄，认识到先烈们自强不息的爱国精神是祖国逐渐强大的推动力。因此，学生的认识层次从了解历史事件提升到传承民族精神，学生的情感逐渐升华至强国之志、铭记历史、奋发图强，从中夯实了国家认同、政治认同的核心素养。

4.促进教师的专业提升。

（1）促进教师"提质减负"教学思维，以科学统整方式开展文化传承研究。

"双减"政策落地，对于教师来说是一种全新的挑战。学科作业设计既要"减负"又要"增效"。道德与法治科组教师以五年级下册第三单元红色教育专题《百年追梦　复兴中华》为例，教研先行，集体备课，研读《义务教育道德与法治课程标准（2022版）》及教材，从红色作业内容、作业类型和载体、作业完成周期、学生兴趣点、难度结构等方面进行深入钻研，依据本校学情，科学地设计多元化的项目式学习任务，把做作业的过程变为学生自主学习、个性化学习、深度学习的过程。在这个过程中，教师的科研能力、单元统整能力得到提高，创新了红色文化传承教育的新方式。

（2）转变教师对学生的评价机制，在"教学评"一体化中落实学生核心素养的培养。

基于"双减"背景，教师提炼思政教材大单元核心素养，确定实施大单元的路径，站在单元主题的大背景下；同时基于教学目标、学情分析进行作业设计，通过教材解读与开发，优化"教学评一体"大单元作业设计，构建具"大主题"统领、"系统化"分析、"整体性"编排、"结构化"关联、"多元化"评价的实践作业成果集，提升学科素养。项目学习把学生评价贯穿于整个学习始终，形成长效的评价，落实核心素养。

5.红色教育显效果，凤江师生成绩喜人。

红色教育成果见表3-1。

表3-1

奖项名称	获奖等级	获奖单位/个人
广州市义务教育阶段单元作业设计与实施案例评选活动	广州市一等奖	凤江小学
广州市义务教育学校寒假作业设计案例评选活动	广州市二等奖	凤江小学
海珠区第十二届中小学生诵读中华经典美文表演大赛	海珠区一等奖	凤江小学
海珠区少先队文化节："回顾历史，闪闪红星指方向——红色阵地我来建"	海珠区二等奖	凤江小学、沈子雅
"喜迎二十大，永远跟党走，争做好队员"少先队寻找"我身边的青年榜样"主题故事比赛	海珠区二等奖	黎沛恩
海珠区第十三届中小学生诵读中华经典美文表演大赛	海珠区一等奖	凤江小学
第五届"羊城学校美育节"中小学生语言艺术比赛 小学组《最美逆行者》	海珠区二等奖	凤江小学
"红色的幸福"海珠区健康教育活动月"我的幸福瞬间"征文征集活动	海珠区一等奖	梁陆萍

新时代的思政课堂中，潜移默化、润物无声、启智润心的教学氛围正在形成。思政教师应立足道德与法治核心素养，挖掘和利用红色教育主题资源，更好地探索小学道德与法治单元作业设计的优化策略，提升思政教师作业设计能力，突显作业育人的价值，为广大青少年打好红色精神底色、夯实人生根基。

[附：

统编版《道德与法治》五年级下册第三单元作业设计

道德与法治五年级下册第三单元

单元活动任务单

学校：海珠区凤江小学

班别：五年（　　　）班

姓名：

【老师寄语】

亲爱的孩子们：

中华民族曾经辉煌强盛，中华民族也曾多灾多难，如今我们伟大的祖国日益繁荣昌盛，爱国更应该成为时代的最强音！

所谓"少年兴则国兴，少年强则国强！"学校道德与法治学科结合少先队大队部开展了形式多样、精彩丰富的"红色教育"系列活动，老师们为大家精心设计了单元实践活动任务，只要你有足够的信心和恒心，定能了解历史，胸怀国家。

希望大家能利用好课余时间，在丰富的社会实践活动中锻炼能力，提高素质，在学期末争当"优秀红色宣讲员"！

【单元活动任务】

阅读红色历史故事　党史故事我来讲　参观红色教育基地　红色阵地我来建　争当『优秀红色宣讲员』

同学们，请你按照自己的兴趣点，完成以上实践任务，争取更多星星吧！

121

第一关：阅读红色历史故事

请你先阅读以下思维笔记，并围绕本单元的主题，收集阅读相关的历史故事，并写一写自己收获体会。

有兴趣的同学还可以参与少先队争章活动，登录"全国少工委"微信公众号——"红领巾爱学习"栏目，选择相应的内容学习。学习后将会获取奖章喔！

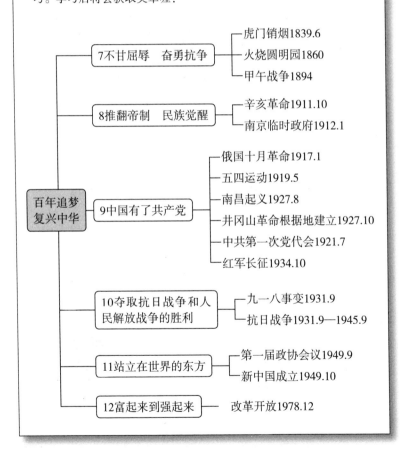

红色历史故事阅读记录表

收集人		中队	
历史事件		英雄人物	
故事内容			
阅读感受	（围绕阅读的红色故事，结合自己的学习和生活经历，写一写感受）		

备注：可按收集故事的内容自行加页，最好图文并茂，可手写可打印。

第二关：党史故事我来讲

　　请你利用午读时间为本班同学或低年级小同学讲讲党史故事，并请同学为你评星。

《党史故事宣讲登记表》
* 宣讲时间：＿＿＿＿＿＿＿＿＿
* 宣讲地点：＿＿＿＿＿＿＿＿＿
* 宣讲对象：＿＿＿＿＿＿＿＿＿
* 宣讲故事：

* 我评自己：☆ ☆ ☆ ☆ ☆
* 他人评我：☆ ☆ ☆ ☆ ☆

以下贴宣讲照片或写感受

第三关：参观红色教育基地

　　请利用节假日，和家人或同学一起参观市内红色史迹和红色教育基地。不妨自行设计参观线路，再实地考察并拍照留念。

　　红色之旅推荐：1.毛泽东同志主办农民运动讲习所旧址；2.广州起义纪念馆；3.广州市起义烈士陵园；4.三元里人民抗英斗争纪念馆；5.黄花岗烈士陵园；6.黄埔军校旧址；7.洪秀全故居纪念馆；8.辛亥革命纪念馆；9.孙中山大元帅府纪念馆；10.第一次全国劳动大会旧址。

　　设计参观线路：＿＿＿＿＿＿＿＿＿＿＿＿＿＿＿＿＿＿＿＿＿

＿＿＿＿＿＿＿＿＿＿＿＿＿＿＿＿＿＿＿＿＿＿＿＿＿＿＿＿＿＿＿＿＿

＿＿＿＿＿＿＿＿＿＿＿＿＿＿＿＿＿＿＿＿＿＿＿＿＿＿＿＿＿＿＿＿＿

＿＿＿＿＿＿＿＿＿＿＿＿＿＿＿＿＿＿＿＿＿＿＿＿＿＿＿＿＿＿＿＿＿

（参观照片粘贴处）

第四关：红色阵地我来建

同学们，参观了市内的红色教育基地后，相信大家也有了不少的收获吧！现在不妨和你的组员一起动手，建设班级内的"红色阵地"吧。请把你们的建设过程和成果，以图片的形式展现出来。

★增长革命斗争知识★
学习革命斗争精神

第五关：争当"优秀红色宣讲员"

　　顺利完成前四关后，你不妨再进一步争当学校"优秀红色宣讲员"吧，不但有机会在红领巾广播时间进行宣讲活动，还能获得大队部的奖章喔！

凤江小学"优秀红色宣讲员"申请表

收集人		中队	
参观照片	（参观红色教育基地过程性照片）		
参观照片	（参观红色教育基地过程性照片）		
中队意见		大队意见	年　月　日

项目活动评价表

亲爱的孩子们：本期的红色之旅已经进入尾声，在这段旅途中，我们都收获了些什么？我们的旅途分值又有多高？让我们来对照着我们的任务单，给自己一个评价吧。也可以请爸爸妈妈和老师来给我们点评一下哦！

项目内容	评价标准	自评等级
阅读红色历史故事	1.围绕本单元的主题，收集阅读相关的历史故事，并写一写自己的收获体会； 2.读书记录有真情实感，书写工整。	☆ ☆ ☆ ☆ ☆
党史故事我来讲	1.能利用午读时间为本班同学或低年级小同学讲讲党史故事； 2.同学为你评星四星以上。	☆ ☆ ☆ ☆ ☆
参观红色教育基地	1.能利用节假日，和家人或同学一起参观市内红色史迹和红色教育基地； 2.设计的参观线路图清晰，实地考察时能拍照留念。	☆ ☆ ☆ ☆ ☆
红色阵地我来建	1.有合作意识，能和同学合作完成阵地建设； 2.建设阵地的作品中有你的作品。	☆ ☆ ☆ ☆ ☆
争当"优秀红色宣讲员"	1."红色宣讲员"申请表填写工整； 2.宣讲时声音响亮，讲述清晰； 3.被评为学校"优秀红色宣讲员"。	☆ ☆ ☆ ☆ ☆
家长评价：		
教师评价：		

图3-4

[本设计为广州市教育科学规划课题《基于道德与法治核心素养的红色教育单元作业设计和实施研究》（项目编号：202316118）成果之一；获广州市义务教育阶段小学道德与法治单元作业设计与实施案例评选一等奖、广州市中小学项目化学习案例征集与评选活动二等奖。]

《我们不乱扔》教学设计

一、单元教学设计说明

（一）本单元学习对学生核心素养的价值

《道德与法治》课程以发展学生核心素养为导向，以"成长中的我"为原点，不断拓展学生的认知和生活范围。统编教材小学《道德与法治》二年级上册第三单元《我们在公共场所》着重培育学生三个方面的核心素养，包括道德修养、责任意识、法治观念（表3–2）。

道德修养是指养成良好的道德品质和行为习惯，把道德规范内化于心、外化于行，在本单元主要表现为社会公德，践行以文明礼貌、相互尊重、助人为乐、爱护公物、保护环境、遵纪守法为主要内容的道德要求，做社会的好公民。

责任意识是指具备承担责任的认知、态度和情感，并能转化为实际行动。在本单元主要表现为担当精神，具有为人民服务的奉献精神，积极参与志愿者活动、社区服务活动，热爱自然，践行绿色生活方式。

法治观念是指树立宪法法律至上、法律面前人人平等、权利义务相统一的理念，使尊法学法守法用法成为人们的共同追求和自觉行为。在本单元主要表现为了解生活中的规则，知道在生活中人人都应遵守规则，具有初步的规则意识，了解和识别可能危害公共卫生、自身安全的行为，具备自觉遵守公共秩序、自我保护意识，掌握基本的自我保护方法，预防和远离伤害。

表3–2

教材内容	学习主题		学习要求	核心素养
我们在公共场所	第9课 这些是大家的	道德教育	认识学校里的公物。感受"公物"和"我"的学习与生活之间的关系。知道爱护公物的方法，在日常生活中有效运用。	道德修养

续　表

教材内容	学习主题	学习要求	核心素养
第10课 我们不乱扔	生命安全 与健康教 育	懂得保护公共环境卫生。懂得保持公共 卫生的正确做法，能正确辨别并抵制不 讲公共卫生的不文明行为。	责任意识
第11课 大家排好队	法治教育	认识公共生活中排队的必要性。知道哪 些地方、哪些情境下需要排队，了解不 同的排队方式。	法治观念
第12课 我们小点儿 声		知道在公共场所应低声说话，不影响他 人，能做到公共场所保持安静，不打扰 他人。	

（二）教学设计与实践的理论基础

1. 政治理论依据。

党的二十大报告中指出："提高全社会文明程度。实施公民道德建设工程，弘扬中华传统美德，加强家庭家教家风建设，加强和改进未成年人思想道德建设，推动明大德、守公德、严私德，提高人民道德水准和文明素养。"文明是现代化国家的显著标志。一个国家的繁荣强盛，一个民族的文明进步，很大程度上取决于社会思想道德水平。推动社会文明程度不断得到新提高、达到新高度，是全面建设社会主义现代化国家的重要目标和重要保证，也是建设社会主义文化强国的重要内容。

道德是社会文明进步、团结和谐的基石。要重视发挥道德的教化作用，深入实施公民道德建设工程，着力加强社会公德、职业道德、家庭美德、个人品德建设，引导学生正确辨别是与非、善与恶、美与丑、荣与辱、公与私、义与利，增强道德判断力和道德责任感，自觉讲道德、尊道德、守道德。

青少年阶段是人生的"拔节孕穗期"，最需要精心引导和栽培。要健全家庭、学校、政府、社会相结合的思想道德教育体系，把立德树人贯穿到学校教育全过程，加强家庭家教家风建设，加强和改进未成年人思想道德建设，促进青少年全面发展。

本单元教学不只是通过知识教学引导学生理解在公共场所要遵循的规则，更重要的是加强学生思想道德建设，培养良好的文明风尚。在教学中确立道德修养、责任意识的价值取向，通过引导学生意识到在公共场所应规范自身的言行举止，知道爱护公物、维护公共卫生、遵守公共场所秩序、不打扰他人的重要性，初步树立公共意识，懂得遵守公共场所的各项要求，养成在公共场所中遵守公共生活规则、讲文明的良好习惯。

2.教育教学理论依据。

大概念视角下的单元整体教学：以大概念为锚点打通"课程—单元—课时"之间的贯穿通道，使核心素养目标能真正渗透到每一节课中。社会公共生活所承载的核心素养是"道德修养"中的"社会公德"，因此提炼大概念为"社会公德"，指向学科结构的中心，体现核心素养的重要依托。以"社会公德"大概念为统摄的课程内容的连贯式学习，主要从爱护公共设施、保护公共环境、遵守公共秩序、参与公共生活四个核心概念展开。首先，重视用知识来解释社会公共生活中的现象、问题，与原有的知识经验建立起必要的关联。其次，通过对公共生活领域中相关关键问题的自主思考与互动交流。最后，大概念教学的归宿是在对多个具有内在联系的核心概念进行聚合的基础上发展学生的道德感召力，影响学生情感、态度及行为的转变，愿意主动遵守公共生活领域的规则并承担相应的责任，从而生成"社会公德"的学科大概念，并实现结构化存储。

体现"教—学—评"一致性：本单元教学以终为始，以新课标中学业质量描述为依据设计评价量表，对照教学目标进行教学设计。力求通过多维立体、多元交互的评价方式，为"学什么、学到什么程度、怎么学、学得怎么样"搭建学习支架，铺设学习路径，让学习真实发生。

二、单元目标

（一）学情分析

根据课程标准的要求，对学生的学情分析如下。

低年段学生对公物的概念较模糊，需要教师引导学生懂得什么是公物，知晓公物损坏了会带来怎样的不便，进而理解爱护公物的重要性。

二年级学生已初步懂得公共环境卫生需要大家共同维护，但仍需进一步加强保护公共环境卫生的意识，养成爱护公共卫生的习惯。低年级学生的规则意识不强，让学生理解规则，按照规则办事，并不容易，他们往往要经过多次提醒才能建立规则意识。在规则意识建立的过程中，学生还会有反复。教师要耐心引导学生，维护公共卫生，公共场合不能喧哗，并引导他们在日常生活中有意识地践行。

（二）单元学习目标

基于课程标准、学生实际及单元整体分析，确立本单元的学习目标与重难点如下。

本单元学习目标见表3-3。

表3-3

道德修养	通过合作学习、说一说等探究活动，学习遵守社会公德，践行爱护公物、保护环境为主要内容的道德要求，做社会的好公民。懂得爱护公共卫生的重要性，负责任有爱心地生活。初步形成良好的道德认知和道德情感，发展良好的道德行为。
责任意识	通过调查实践、采访他人等方式，发现身边公共场所的不文明行为及其引发的不良影响。知道健康生活卫生习惯的基本常识和要求，关心公共卫生，初步树立保持公共场所环境卫生的意识。
法治观念	通过了解生活中的规则和《中小学生守则》，知道在生活中人人都应遵守规则，具有初步的规则意识。

基于本课学习目标，确立本单元的重点是：创设"争当文明小使者"的大任务，通过合作学习、调查实践、制定坚持表、画一画、说一说、摆一摆、拍照展示、情景体验等多形式作业，学会爱护公物、保持公共环境卫生、正确排队、遵守公共秩序等公共行为习惯。

本单元的难点是：通过学习任务，树立保持公共场所文明举止的责任意识，形成良好的道德认知和道德情感，发展良好的道德行为。

三、单元教学内容分析

（一）单元内容及学段、学科联系

小学《道德与法治》教材共有三个单元关注"公共生活"，分别是二年级上册第三单元《我们在公共场所》、三年级下册第三单元《我们的公共生活》、五年级下册第一单元《公共生活靠大家》（图3-5）。

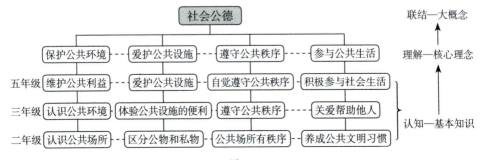

图3-5

　　结合教材及课标内容分析，教材编排有逻辑梯度，培养学生的公共意识是循序渐进的。低年级的学生，生活范围比较小，关注点只停留在自己家庭或学校范围内，所以低年级先从自身卫生意识，过渡到家庭环境卫生，再逐步关注班级学校公共生活、公共卫生、公共秩序，这是学生眼界逐步扩展的过程。随着年龄的增长，到中高年级，公共的范围逐步扩大到社会生活，尊重规则，爱护公物，做讲文明、有教养的人。

　　（二）单元内容结构分析

　　本单元《我们在公共场所》涉及"道德教育"学习主题，共设计了四个内容：《这些是大家的》《我们不乱扔》《大家排好队》和《我们小点儿声》。本单元由班级空间扩大到学生时常进出的真正的公共场所，通过对"公共财物""公共卫生""公共秩序"及"公共文明修养"四个方面重点引导，旨在帮助学生养成公共场所所需要的文明行为习惯，并在其中融入社会主义核心价值观教育。

　　第9课考虑学生的生活范围、此时生活的真实情况，以及与中年段的衔接问题，公共财物的范围基本上是以学校生活为主，主要涉及公物而不论及"公产"，目的就在于帮助学生树立公共观念——"这些是大家的"，以此区分公物和私人物品。此课内容也融入了中小学生守则的相关规定。

　　第10课的主题是公共卫生，聚焦"不乱扔"这一日常行为习惯，融合中小学生守则的相关规定，引导学生认识到不乱扔不只是守规则，也不只是为了有干净的生活环境，而是因为我们要追求一种文明的生活方式。

　　第11课的教育主题是公共秩序，强调只有在公共场所遵守秩序，才会更安全，更有效率，也更为文明。我们还特别在规则秩序教育中加入了礼让，引导学生超越教条的排队思维，遵守规则的同时也要关注人文情怀。

　　第12课针对个别人群易大声喧哗的习惯所设计，意识到小点儿声就是一种公共文明习惯，在公共场所下不大声喧哗既是对他人的尊重，也是一种修养。

　　本单元四课间的逻辑是并列关系，如图3-6所示。

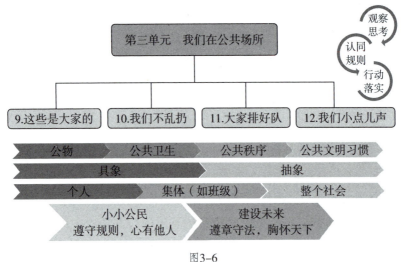

图3-6

四、单元教学评思路

根据教材内容及课时目标，本单元教学评实施流程如图3-7所示。

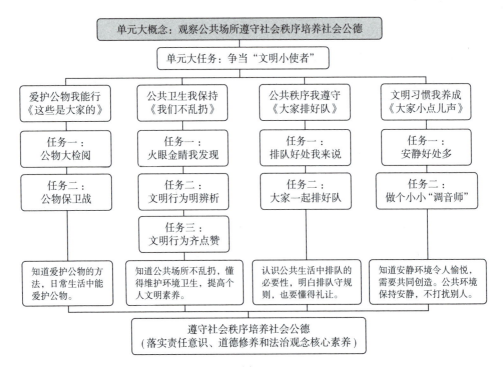

图3-7

在整个教学过程中学生深度参与，感受社会公德的魅力。教师通过学习过程评价及学习结果反馈，及时判断学生对所学内容的认知、内化情况，进而反思并改进教学，使教能够更好地服务于学，实现"教—学—评"一致性。整体单元评价表如表3-4所示。

表3-4

核心素养	学业质量描述	评价等级		
		自评	同学评	老师评
责任意识	日常生活中能够积极参与体现社会公德的实践活动。	☆☆☆☆☆	☆☆☆☆☆	☆☆☆☆☆
道德修养	积极参与合作学习、探究活动，能够结合日常生活和集体生活，懂得要遵守社会公德，践行爱护公物、保护环境卫生。	☆☆☆☆☆	☆☆☆☆☆	☆☆☆☆☆
法治观念	能够了解生活中的规则和《中小学生守则》，知道在生活中人人都应遵守规则，具有初步的规则意识。	☆☆☆☆☆	☆☆☆☆☆	☆☆☆☆☆

五、《我们不乱扔》教学设计

（一）学情分析

二年级的学生对于公共场所的卫生要爱护有一定的认知基础，但他们的自我约束能力不够。在学生课前调查中得知：班里的学生能感受到干净的环境让人觉得舒服，对于不乱扔垃圾的原因往往停留在老师、长辈们的硬性要求，只知道是为了保护环境，对于深层次的原因认识不明；学生知道垃圾要分类，但对到底怎么分类模糊不清。根据这样的情况，课堂上要充分利用学生已有的生活经验，通过反思自己的行为以及观察身边人卫生的实施情况，认识到不乱扔不只是为了有干净的生活环境，不只是守规则，更是我们要追求一种健康、安全、文明的生活方式，是一个人文明素养的体现。

（二）课时目标

基于对教材的分析解读和对学情的深入了解，以及对小学道德与法治课程性质的理解，制定了教学第10课《我们不乱扔》第一课时的教学目标，具体如下。

1.知道不乱扔垃圾、保持公共卫生的重要性。

2.感受保持公共环境卫生带来的愉悦感，并愿意在生活中自觉践行。

（三）教学重、难点

重点：知道不乱扔垃圾、保持公共卫生的重要性。

难点：感受保持公共环境卫生带来的愉悦感并愿意在生活中自觉践行。

（四）教学评过程

表3-5

环节一：不乱扔，好心情		
教师活动	学生活动	评价活动
（一）激趣导入，明确单元大任务 1.导入：广州素有"花城"美誉，荣获"国家卫生城市""全国文明城市"的称号。广州这座城市，有碧蓝的天空，各种地标建筑、清澈的珠江水…… 2.看到如此美景，你们的心情如何？ 是的，干净整洁、绿色美好的人居环境让我们身心愉悦。 我们居住的城市漳平正在创建第七届省级"文明城市"。老师邀请大家一起争当城市"文明小使者"（单元大任务），为建设美丽漳平出一份力吧！	欣赏城市美景照片，谈感受。	观察学生能否专注看照片，并对此产生兴趣。能对照片所呈现的画面感到愉悦和开心。 观察学生产生积极的意愿参与活动，能以大单元任务驱动学习，并以争做"文明小使者"为目标，以激励性评语鼓励学生进行大任务探究。
（二）火眼金睛齐发现 1.同学们请看，在我们身边有这样的城市景象，你喜欢哪种情景呢？ 2.请学生汇报：你最喜欢哪个地方？为什么会喜欢这个地方呢？ 3.你发现这些地方都有什么共同的特点呢？ 那如果生活在脏乱的环境中，你的感受又会变得怎样呢？ 4.小结：干净整洁的公共场所让每个来到这里的人都能拥有好的心情。要保持公共场所干净整洁，我们就要做到不乱扔。 （出示课题）	学生分享自己喜欢的地方，并说明原因。 学生发现这些公共地方都有"干净整洁"的共同特点，明白保持环境卫生与自己的联系。	根据学生汇报情况，以信息完整、内容充实无误为标准。观察学生分享自己心中最喜欢的地方的课堂表现，判断学生是否对干净整洁的环境感到身心愉悦。

设计意图：通过介绍"文明城市""卫生城市"的美好，激发学生参与到大单元任务中来；再联系孩子们的实际生活，通过展示汇报活动，让孩子回忆曾有的生活体验，感受保持干净整洁的美好环境带给人的愉悦，并喜欢干净整洁的公共环境，知道保持公共卫生的重要性。

环节二：不乱扔，护环境		
教师活动	学生活动	评价活动
（一）分享绘本故事 1.分享绘本故事《垃圾星球》。 2.听了这个绘本故事，你有什么想说的吗？ 3.小结：正如大家所言，如果在生活中，人们也像方块星人一样随意乱扔垃圾，我们生活的地方也会变得和垃圾星球一般，令人窒息难受。 （二）认识乱扔垃圾对环境的危害 1.你知道乱扔垃圾会对环境造成怎样的危害吗？ 播放《垃圾的危害》视频，引导感知乱扔垃圾的危害。 2.看垃圾危害环境的数据，说说你的感受。 3.小结：原来乱扔垃圾会污染我们赖以生存的空气、水源和土地。为了地球妈妈，为了人类自己，我们都不能再乱扔了。 （贴板书）	学生听故事和观看图片，分享感受。 学生观看视频，了解乱扔垃圾的危害，分享感受。	观察学生是否认真投入地聆听绘本故事，通过交流感受和提问，判断学生是否对脏乱差的环境感到不满及不适，表达出对环境保护的立场和态度，初步树立环保意识。 观察学生是否认真投入地观看视频，通过交流感受，判断学生是否意识到乱扔垃圾的危害。

设计意图：通过绘本故事，引起孩子们对学习主题的兴趣，同时联系孩子们的实际生活，用具体形象的数字和例子，让孩子感知垃圾对公共环境所造成的危害，知道保持公共卫生的重要性。

环节三：不乱扔，保健康		
教师活动	学生活动	评价活动
正在参选学校"文明小使者"的学生文文，他遇上了困难的选择，需要大家帮帮忙。 选择一：带还是不带？ 1.播放录音：今天学校开展外出研学活动，可是我感冒了一直流鼻涕。上学前，	学生进入故事情境，帮故事主人公选择，回答带垃圾袋的必要性。	通过学生参与"文文的选择"的情景活动的情况，观察学生生活中践行保护环境的情况，以整体单元评价量表进行评价。

续　表

妈妈提醒我不但要戴好口罩，还要随身带个垃圾袋。我的小书包已经满满的，还要带垃圾袋，真够麻烦的。小朋友们，你说我是带还是不带啊？ 2.提问：你觉得文文为什么要带垃圾袋呢？你外出的时候有没有自备垃圾袋？ 选择二：扔还是不扔？ 1.继续播放音频：到了研学的地点，我觉得喉咙痒痒的很难受，于是拿出纸巾吐了一口痰。可是东张西望都看不到附近有垃圾桶，我手里攥着这张纸巾，焦急坏了。妈妈说过吐痰的纸巾有很多细菌啊！小朋友们，你说我是不是该偷偷把纸巾扔一边角落呢？我看到那角落也有一些垃圾呢。 2.情境演绎：如果你是文文的同学，你会跟他说什么呢？ 3.点评，肯定学生正确的做法。 预设1：既然是角落已经有垃圾在，就扔到那一边吧，反正会有清洁人员打扫卫生的。 预设2：不能乱扔垃圾，会传播细菌的。可以先放在随身带的垃圾袋里。 预设3：纸巾放垃圾袋，我还会随手捡起角落的垃圾。 4.播放小视频《垃圾上的病毒》，引导学生分享观后感。 5.小结：原来乱扔垃圾对我们的身体健康还有危害。不乱扔垃圾，不单是为了公共环境的干净，更为了我们自己身体的健康！ （贴板书）	学生继续听故事，辨析故事人物的行为，提出个人建议。 学生回答问题，分享自己的生活经验和做法。 学生观看视频，分享自己的感受。	从"知人物—探做法—悟精神"三个维度评价学生的学习成果。根据学生汇报情况，评价学生日常生活表现及行为习惯。 根据学生代入文文角色谈行为做法，评价学生在学习中收获是否在原有认知的基础上有所提升。 观察学生是否认真投入地观看视频，通过交流感受，判断学生是否意识到乱扔垃圾对身体健康的危害。

设计意图：通过创设"文文的选择"两难情境任务，引发孩子的兴趣和共鸣，让孩子们在生活情境中懂得一些保持公共卫生的正确做法，愿意保持个人及公共卫生。

环节四：不乱扔，显文明		
教师活动	学生活动	评价活动
（一）文明行为明辨析 选择三：垃圾怎么扔？ 1.播放录音：研学活动马上要结束了，老		

师在催促同学们集合。我收拾好一袋垃圾，正准备扔进垃圾桶。哎呀，这里放的是不同颜色的分类垃圾桶。同学催促我说，赶时间直接扔一个垃圾桶吧。小朋友们，你们说垃圾该怎么扔呢？（出示课本插图） （1）分组模拟活动：垃圾怎么扔？ （2）提问：垃圾为什么要分类扔呢？ （3）看文文是怎样做垃圾分类的（分类视频）	结合学生可能会遇到的日常生活中的选择，初步建立垃圾分类意识。 学生模拟活动，并观看视频，回答垃圾分类的重要性。	根据学生对故事中人物的选择和看法，评价学生对文明行为的认知判断及自己对保护环境的向往程度。
2.在"社会主义核心价值观"和《中小学生守则》中，就提出了文明、保护公共卫生的明确要求。 3.出示乱扔垃圾受处罚的案例和《漳州市生活垃圾管理办法》第三十二条的规定。这个案例告诉了我们，原来乱扔乱抛，造成严重后果的，可是要负法律责任的。 4.你发现你身边会有乱扔垃圾的现象吗？以后再看到这样的情况，你学会要怎样去劝说了吗？	看课件"社会主义核心价值观"和《中小学生守则》，明确文明要求。 观看乱扔垃圾受处罚的案例和相关法律法规。	通过学生聆听案例和课堂总结的专注程度，判断学生是否领悟不乱扔的内涵、是否有宣传、践行公共公德的想法和争做文明小使者的意愿。
5.小结：公共场所的卫生关系到大家的共同利益，我们要约束自己，自觉维护公共环境卫生，也要制止其他人不文明的行为。因为爱护公共环境卫生，人人有责！（贴板书） （二）文明行为齐点赞 1.引导发现身边的好榜样，为他们点赞。 2.采访被点赞的同学。 3.小结：爱护公共环境卫生，人人有责！我们随手捡起的不只是垃圾，更是树立了文明和公德。	学生分享自己的生活经验，点赞文明行为，自觉培养保持公共卫生的好习惯。	根据学生汇报日常生活中的文明行为点赞情况，评价学生留心观察生活及对不乱丢垃圾和主动捡垃圾等文明行为的认同感。
设计意图：通过引入《中小学生守则》和相关法律法规，让学生清晰不乱扔是文明的表现，更是公民责任；同时通过点赞文明行为的环节，正向强化学生践行公共公德和争做"文明小使者"的意愿。		

续 表

环节五：总结提升，为创文出力		
教师活动	学生活动	评价活动
（一）齐为创文出力 1.同学们，你们知道吗，漳平正在创建第七届省级"文明城市"。 2.播放漳平创文宣传视频。提问：我们能为城市创文做哪些力所能及的事情呢？ 3.总结：我们不乱扔，不只是为了干净，还为了让我们的生活更美好，为城市创文做点滴贡献。我们不乱扔，是在公共场所要遵守的规则，更是我们文明素养的体现，是每个公民的责任担当。 （二）课后阅读任务 推荐阅读：绘本《垃圾投放有讲究》	观看创文视频，知晓城市创文宣传信息。 说说学习后的收获，以及能为创文所做的力所能及的事情。	从对创文的知晓度，判断学生能否主动关注城市发展；有否积极争当文明城市代言人的主观能动性。
设计意图：提升学生对城市创文工作的知晓程度，同时围绕本单元大任务，激励学生为城市创文做力所能及的事情。		

（五）板书设计

（六）作业与拓展学习

推荐阅读：绘本《垃圾投放有讲究》。

（七）教学反思与改进建议

1.立足核心素养，彰显铸魂育人目标。

培养学生的核心素养是教学的出发点和落脚点。基于本校学生学情，根据二年级学生年龄特征，教学中贯彻引导学生知行合一，对公共场景中观念认知和道德品行进行科学设计，制定适合的目标，认识公共场景中垃圾不乱扔是个人文明素养的体现，也是良好社会公德的表现。

2. 把握思想教育特征，说理与启发要有机结合。

道德与公德都不是自发生成的。我们通过讲好绘本故事引出基本概念——垃圾不能乱扔，再播放现实生活中人们乱扔垃圾带来的严重后果，深入浅出地把垃圾的危害讲清楚讲透彻。同时，教师也注重启发学生主动思考，提出问题，思考问题，对垃圾不乱扔有了更好的领悟和理解。在说理和启发中，彰显教师主导性和学生主体性相统一特点。通过摆事实，说道理，让学生认同垃圾乱扔的危害，水到渠成地产生垃圾不乱扔的朴素情感。

3. 重视学生情感建构，丰富学生实践体验。

本课教学与学生日常生活紧密结合，加强课内课外联结，紧扣学生实践体验与情感建构，选取学生熟悉的各种场景展开探究，提高学生的价值辨析能力。坚持正面引导，紧扣时代主体，反映学生关注的现实问题，符合学生认知水平与接受能力，服务核心素养的培养，具有强烈的感染力和说服力，引起学生的情感共鸣，从而认识到垃圾不乱扔不仅是对环境的保护，更是个人良好素质的体现。

（八）学习评价设计

1. 以评促学，重视表现性评价。

课堂关注学生真实发生的进步，捕捉、欣赏、尊重有创意的、独特的表现，并及时予以鼓励，点赞，不断加深学生的知行体验，引导学生发现自己的进步。在课堂学习中重视学生表现性评价，鼓励学生积极参加活动，引导学生关注自己学习行为，丰富学习体验。

2. 素养导向，以评育人。

表3-6

核心素养	评价标准	评价		
		自我评价	同学或老师评价	家长评价
责任意识	日常生活中有公民意识，知道在公共场所不乱扔，看见垃圾能随手捡起。	☆☆☆☆☆	☆☆☆☆☆	☆☆☆☆☆
道德修养	能主动做到维护公共场所卫生，及时制止身边不文明行为，提高个人文明修养。	☆☆☆☆☆	☆☆☆☆☆	☆☆☆☆☆

续 表

核心素养	评价标准	评价		
		自我评价	同学或老师评价	家长评价
法治观念	能够了解生活中的规则和《中小学生守则》，知道在生活中人人都应遵守规则，维护公共卫生。	☆ ☆ ☆ ☆ ☆	☆ ☆ ☆ ☆ ☆	☆ ☆ ☆ ☆ ☆

紧紧围绕本课培养核心素养大任务，结合学生日常品行表现加以考查，课堂上给身边的同学点赞，给文明行为点赞；课后发挥学生主动投入自我评价体系，引导学生践行《中小学生守则》，树立构建良好公共环境的主人翁精神，践行社会主义核心价值观，主动弘扬社会主义先进文化。

图3-8所示为本课例活动照片。

图3-8

［本课例参与"广州市思政课新结构教学评范式研究项目"研究联盟研训活动，送教到漳平市教师进修学校附属小学；并获得2024年广州市中小学（中职）思政课高质量建设优秀成果评选活动教学设计及视频一等奖。］

应用新结构教学评框架，培养新时代
文明好少年

——《我们不乱扔》第一课时说课

党的二十大报告中指出："提高全社会文明程度。实施公民道德建设工程，弘扬中华传统美德，加强家庭家教家风建设，加强和改进未成年人思想道德建设，推动明大德、守公德、严私德，提高人民道德水准和文明素养。"培养青少年的良好的道德品质和行为习惯，把道德规范内化于心、外化于行，成为文明礼貌、爱护公物、保护环境、遵纪守法的社会好公民，是新时代好少年的必修课。

今天我说课的内容是小学《道德与法治》二年级上册的第10课《我们不乱扔》的第一课时。我将从教材分析、教学理念与教法学法、教学过程、板书及评价量表设计四个方面，说说我们是如何应用新结构教学评框架，努力培养新时代文明好少年的。

一、依标扣本，说教材

1. 教学内容分析。

统编教材小学《道德与法治》二年级上册第三单元《我们在公共场所》，其中社会公共生活所承载的核心素养是"道德修养"中的"社会公德"，因此我们提炼单元大概念为"观察公共场所，遵守社会秩序，培养社会公德"，设置单元大任务"争当文明小使者"。主要从爱护公共设施、保护公共环境、遵守公共秩序、参与公共生活四个学习内容，分8个课时展开教学，落实责任意识、道德修养和法治观念核心素养。本课学习的是单元教学中的第10课《我们不乱扔》第一课时，主题是公共卫生，聚焦"不乱扔"这一日常行为习惯，融合《中小学生守则》的相关规定，引导学生认识到不乱扔不只是守规则，也不只是为了有干净的生活环境，而是因为我们要追求一种文明的生活方式。

2.学情分析。

二年级学生自我约束能力不够，对于深层次的原因认识不明；学生知道垃圾要分类，但对到底为什么要分类模糊不清。另外，学生所在城市漳平正在创建省级"文明城市"，亟须引导学生积极参与到创文工作中，做力所能及的贡献。根据这样的学情，课堂上要充分利用学生已有的生活经验，努力使其认识到不乱扔是一种健康、安全、文明的生活方式，是个人文明素养和城市文明程度的体现。

3.教学目标及重难点。

基于教材、学情的分析，我确定了本节课的教学目标与重难点。

重点：知道不乱扔垃圾、保持公共卫生的重要性。

难点：感受保持公共环境卫生带来的愉悦感，并愿意在生活中自觉践行。

4.主题设计思路。

应用新结构教学评框架范式，我以大单元整体视角开展教学，结合党的二十大报告与新课标理念，提炼出大概念，创设大情境，构建大任务，以评促学，真正落实核心素养。

在整个教学过程中学生深度参与，感受爱护公共环境卫生的重要性，以及积极参与城市创文的必要性。教师通过学习过程评价及学习结果反馈，及时判断学生对所学内容的认知、内化情况，进而反思并改进教学，使教能够更好地服务于学，实现"教—学—评"一致性。

二、紧扣目标，说教学理念和教法学法

本课的教育教学理论依据大概念视角下的单元整体教学，充分体现"教—学—评"一致性：以大概念为锚点打通"课程—单元—课时"之间的贯穿通道，提炼大概念为"社会公德"，指向学科结构的中心，体现核心素养的重要依托。

依据教材特点以及学生年龄特征，本课主要采用情境教学法和体验式教学等教学方法；学生则采用讨论法、小组合作探究法等学习方法，使学生能"做中学"，高效完成学习任务。

三、任务驱动，说教学过程

本课共设计了五大教学环节，通过相关情境创设，引起学生对公共生活领域中关键问题的自主思考与互动交流。

环节一：不乱扔，好心情。

师生互动环节，通过介绍广州"文明城市""卫生城市"的美好，激发漳平市学生参与到"创建文明城市，争当文明小使者"的大单元任务中来；构建大单元意识，布置单元任务，把学生放到"真实性问题情境"当中开展学习。再联系孩子们的实际生活，让孩子回忆曾有的生活体验，感受保持干净整洁的美好环境带给人的愉悦心情。

环节二：不乱扔，护环境。

这一环节采用情境教学法、小组合作学习法等教学方法来设计教学活动，通过分享《垃圾星球》绘本故事，引起孩子们对学习主题的兴趣，同时用具体形象的数字和例子，让孩子感知乱扔垃圾对公共环境所造成的危害，知道保持公共环境卫生的重要性。

环节三：不乱扔，保健康。

在第三环节中，通过创设同龄人文文的两难情境选择"带还是不带？""扔还是不扔？"的难题，引发孩子的共鸣，明白保护公共环境卫生，不只关系社会，同样关系个人健康。观察学生生活中践行保护环境的情况，并以整体单元评价量表进行评价，让孩子们在生活情境中懂得一些保持公共卫生的正确做法，愿意保持个人及公共卫生。

环节四：不乱扔，显文明。

此环节通过模拟情境活动解决"垃圾怎样扔"的问题，根据学生做法评价学生对文明行为的认知判断；并通过引入《中小学生守则》和城市相关法律法规，让学生清晰不乱扔是文明的表现，更是公民责任；让学生初步学会运用法律法规劝导乱扔垃圾的不良现象，同时设置"点赞文明行为"的环节，正向强化学生践行公共公德和争做"文明小使者"的意愿。

环节五：总结提升，为创文出力。

课堂最后回归单元主题，再次引出"创文"话题，播放城市创文宣传片，提升学生对城市创文工作的知晓程度。同时围绕本单元大任务，激励学生为城市创文做力所能及的事情，进一步深化教育主题。

四、教学评一致，说板书及评价表设计

为了突出本课的教学重难点，让学生整体感知这节课知识点的逻辑关联，我们设计了生动形象的花朵形状板书呈现垃圾不乱扔的好处和重要性。

为了体现教学评一致性，以评促学，重视学生表现性评价，特设计了学生个人学习评价表，结合学生日常品行表现加以考查，通过自评、同学或老师评、家长评等多元方式，给文明行为点赞，促进学生自觉践行社会主义核心价值观，积极投入城市创文中，主动弘扬社会主义文明新风尚。

《相伴的快乐》教学设计

一、教材分析及课时安排

本课是统编版《道德与法治》三年级下册第一单元《同学相伴》的第四课《我们在一起》的第一个课时，编写依据是《义务教育品德与社会课程标准（2011年版）》中"我们的学校生活"里的第4条："体会同学之间真诚相待、相互帮助的友爱之情；学会和同学平等相处。知道同学之间要相互尊重，友好交往。"

本课共有两个栏目，分别是《同学相伴的快乐》和《不让一个人落下》。每个栏目为一个课时。第一课时《同学相伴的快乐》目的是引导学生体会同学相伴的快乐，愿意与同伴在一起平等相处。而这一课也分了三个层次逐步深入，首先是在共同游戏中体会同学相伴的快乐；其次是在回忆过往的生活体验中体会同学相伴的乐趣；最后在"离开同伴生活会如何？"的情境反思中，体会同伴在一起的重要性。

第二个栏目《不让一个人落下》目的是引导学生初步形成群体意识，从集体的角度出发，不让同伴掉队，反思校园中忽视、冷落、排斥同学的不良现象，体会同学之间互帮互助、共同进步的友爱之情。

二、学情分析

步入三年级的学生，已经有了两年半的校园生活，学生已经拥有了较多的和同学相伴的学习和生活经验。这其中有积极快乐的生活体验，也肯定会有失落和不愉快的经历。校园的生活是引导他们走出家庭，走向社会的一个过渡环境。引导学生体会共同生活的快乐和乐趣，有利于他们初步了解共同生活对于个体成长的意义，有利于学生日后走向社会，适应社会生活。

根据皮亚杰的认知发展理论，小学阶段的儿童处于具体运算阶段。此时，儿

——小学道德与法治教育的研究与应用

童"自我中心"的程度下降，他们开始关注别人的生活，但对群体中如何更好地生活，还缺乏理性的认识，大多数依赖于老师的行为引导和强制指示。而在老师的带领下，他们在群体中也能快乐成长，得到认同。但同时，学生也有可能在群体中体验到不被重视的失落感，产生害怕、逃避、离群的想法。加上此年龄层的学生对老师的传统约束开始产生抵抗意识，他们更乐意在真实的体验中，感受来自群体的友爱，更需要回顾生活经验，理解自己的需要，感知同伴一起的快乐。这样更有利于把学生懵懂的群体意识上升到理性层面，从而有意识地与同伴友好相处，共同生活，为下一步的道德学习做好铺垫。

根据学生的学情，本课适合采用活动体验教学法，让学生回顾生活体验，在创设的情境中反思生活，以平等对话来帮助学生解决共同生活中出现的问题，在引导学生活动体验和回顾生活经验时，引导儿童发现群体生活的快乐有趣和重大意义，并自觉把这种情感体验、生活认识用于日后的实践，实现体验—感悟—反思—导行的教学程序。

三、教学目标

1. 愿意和同伴一起学习生活，体验一起玩的快乐。
2. 回顾已往体验，感知共同生活的乐趣，形成初步群体意识。
3. 明白不独自离群的道理，感受和同伴在一起的意义。

四、教学重难点

重点：感知共同生活的乐趣，形成初步群体意识。
难点：明白不独自离群的道理，感受和同伴在一起的意义。

五、教学准备

多媒体课件、游戏道具、照片、视频、小礼物。

六、教学过程

表3-7

活动环节	教师活动	学生活动	设计意图	媒体
一起玩 更有趣	一、情境创设 同学们，我给大家带来了几位			

活动环节	教师活动	学生活动	设计意图	媒体
	新朋友。（贴图）他们分别是七个音符1、2、3、4、5、6和7，这几位好朋友经常在一起学习，在一起训练。他们能演奏出许许多多美妙、动听的乐曲，也去过很多学校表演，获得各种各样的奖项。来听听他们的演奏吧！（播音乐）这歌声呀，真好听，他们相伴一起的日子真快乐。 （贴课题）今天他们来到这里，邀请大家一起玩游戏啦！ 二、游戏活动 游戏一：单人蒙眼贴鼻子。 1.讲解单人蒙眼贴鼻子游戏规则。 2.采访：这个游戏好玩吗？ 可是，你们都没能把鼻子贴好，没有获得奖励。 3.引导学生提出新玩法。 这个游戏还有不同的玩法吗？ 既好玩，又能拿到奖励的。 游戏二： 合作贴帽子。 1.宣布多人贴帽子游戏规则。 2.采访： 这个游戏好玩吗？ 和第一个游戏相比，哪个更好玩？ 3.你还与同学玩过哪些游戏呢？ 4.小结：和同学一起玩游戏，更有趣。 板书：一起玩，更有趣。	1.认识新朋友。 2.请四位同学出来玩游戏贴鼻子。 3.畅谈感受。 4.思考新玩法。 5.小组合作玩游戏，说感受。	本环节通过两个游戏的对比体验，生动而具体地让学生体会到，和同伴一起玩游戏更好玩，更有趣。	多媒体 游戏道具
在一起 更快乐	三、回顾生活 生活中，我们不单单只在一起玩游戏。同学之间还有不少不同的经历呢！			

活动环节	教师活动	学生活动	设计意图	媒体
	1.照片回顾。（配乐播放照片） 你们看，春游时，我们一起观赏植物，分享美食；运动会上，我们一起合作，力争上游；课间时，我们一起玩耍、一起聊天；学习上，我们一起讨论，表达想法，解决问题……此情此景，相信你们还有更多一起时的美好回忆。那就事不宜迟，小组内说说，你和同伴一起的美好往事吧！ 2.指导小组交流。 3.采访个别孩子。 点评： A.和同学在一起真快乐呀！ B.和同伴一起战胜困难，也是一种快乐。 C.和同伴在一起时的快乐，真让人难忘呀! D.只要在一起，就会有更多的收获。 4.贴照片。 过渡：生活就是这样，有欢乐，有泪水；有成功，也有失落。但只要和同伴在一起，我们总是那么充实。 5.播放视频歌曲。 这是我们班第一次参加经典诵读的场景，那一次，我们全班同学都参加了，没有一个落下，足足训练了一个月，大家齐心协力完成了这一段舞台表演，还获得了一等奖。往事历历在目，让我们一起在回忆中齐唱《读唐诗》。	1.观看照片回顾。 2.小组畅谈： 一起过生日会； 一起去参观； 一起去旅游； 一起去看书； 一起去唱歌…… 3.边看诵读视频，边手拉手同唱《读唐诗》。	回顾过往和同学们在一起的经历，明白集体生活带给自己的快乐是一个人所做不到的。 在音乐中，在回顾中感受一起的快乐，体验集体生活带来的重大意义。	旧照片 音乐 表演视频

续 表

活动环节	教师活动	学生活动	设计意图	媒体
	6.相机采访学生感受。 A.说说你训练时的感受。 B.经过艰苦的训练，终于获奖了，你有什么感受？ 7.小结：生活告诉我们，当我们同在一起，我们能做的事情更多了；只要我们在一起，再多的困难也能一起面对；只要我们在一起，就有更多的收获。这也是一种快乐呀！ 板书：在一起，更快乐。	4.独立思考，汇报。		
不离群 共成长	1.创设情境，配乐讲故事。 七个音符听到了我们相伴一起的快乐故事，也深深地被感动了。他们也和我们一样，天天在一起生活，一起去旅游，一起创作歌曲，也参加了各地的比赛，还获得了很多奖项。可是有一天，"多多"和大家有了点小矛盾，他觉得自己是群里的老大，本领也最大。于是，他决定离开大家，独自去闯天下…… 2.选择其中一个情境续编故事。 （1）多多独自参加歌唱比赛…… （2）多多被三人篮球比赛报名海报深深地吸引…… （3）路过华南植物园，多多想起了…… 请同学们展开想象的翅膀，在小组内进行故事续编吧！ 3.指导小组续编故事。 4.选代表汇报，相机采访。 A.你觉得此时，多多心情如何？	1.听故事思考。 2.小组内续编故事。 3.推选代表讲续编的故事。 4.代入情境反思自我。	通过故事的续编，加深掉队的个人体验，同时明白群体生活的重大意义，初步体会群体生活的重要性。做到不离群，不掉队。	多媒体

151

续 表

活动环节	教师活动	学生活动	设计意图	媒体
	B.假如你是多多，接下来，你想怎么做呢？ C.你有什么话想对多多说呢？ D.你能想个办法，帮助多多走出困境吗？ 5.小结：经历几番波折，多多觉得离开大家太孤独了，就像断了线的风筝一样，会更加不高兴。他决定回到集体里，和大家在一起。只有大家在一起才能奏出更美妙的音乐呀！才能共同成长，生活得更快乐呀！ 板书：不离群，共成长。			.
小结延伸	1.总结。 这节课，我们共同感受到了相伴的快乐，体会到了（在一起，更有趣），（在一起，更快乐），（不离群，共成长） 2.延伸。 那么，少了多多的乐队，又会遇到什么不一样的事情呢？下节课我们继续探讨。 3.让我们在歌声中，在美好的回忆中结束今天的课吧！ 播放歌曲《当我们同在一起》。	1.生读板书。 2.合唱。	设置悬念，为下节课做铺垫。	音乐

七、板书设计

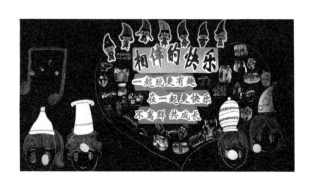

图3-9为本课例活动照片。

图3-9

（本课例为广州市第二批"百千万人才培养工程"项目赴广东四会周开泉小学送教内容。）

《早期文明发祥地》教学设计

一、课程标准

本课编写遵循《义务教育品德与社会课程标准（2011年版）》中"我们共同的世界"第2条"比较不同国家、地区、民族的生活习俗、传统节日、服饰、建筑、饮食等状况，从不同的角度，尝试探究差异产生的原因，尊重文化的多样性"和第3条"初步了解一些人类的文化遗产，激发对世界历史文化的兴趣"等内容进行编写。

二、教材内容分析

《探访古代文明》一课由两个板块组成："早期文明发祥地""闻名世界的文化遗产"。本课主要从早期文明的发祥地出发，引导学生探究早期文明的意义，了解古代中华文明的特点和成就，感受人类早期文明对整个人类文明的重要意义，并通过感受以殷墟为代表的中国文化遗产的魅力，知道文化遗产是人类文明的遗迹，增强珍惜和保护文化遗产的意识和责任感。

本课时将进行第一板块的学习。"早期文明发祥地"这一主题包含三个方面的内容：一是了解人类早期文明的四个重要发祥地，探究人类共同创造的早期文明成就及其意义；二是了解古代中华文明的巨大成就及其在世界文明发展中的地位，知道中华早期文明为人类发展作出了重大贡献，激发学生的民族自豪感和自觉珍爱文化遗产的历史使命感；三是感悟人类文明的多元性，知道人类的文明史是由世界人民共同创造的，体悟古代劳动人民的智慧。

三、学情分析

六年级的学生通过之前的学习，对于中国和世界的历史已经有了初步的了解，对四大文明古国早有耳闻，但是对于早期文明的发祥地及其成就和意义，中华文明的巨大成就及其在世界文明发展中的地位了解不深入。

高年级需注意学法的学习，故在本课的教学，先通过开展"小小考古学家"这一有趣的探究活动，让学生追本溯源，了解源远流长的中华文明，并掌握大胆假设，小心求证的方法。进而以点带面，通过资料的补充，从中华文明的探究延伸到其他三大文明的探究，了解灿烂的世界文明，发展学生立足本国，放眼世界的学习观。最后，以"文字探秘"活动切入，让学生了解早期文明区域创造的灿烂文化，感悟文字对早期文明发展和传播的作用，以及人类文明的多元性。

四、教学目标

1. 知道早期文明区域的分布，探究人类早期文明成就及其重要意义。
2. 了解中华文明为人类文明发展作出的重大贡献，激发民族自豪感。
3. 知道人类文明史是由世界人民共同创造的，增强珍爱人类文化遗产的使命感。

五、教学重难点

重点：知道中华早期文明及其他三个区域文明为人类发展作出的重大贡献。
难点：激发热爱中华文明的民族自豪感，及珍爱人类文化遗产的使命感。

六、教学过程

（一）自我介绍，明确目标

同学们好，我是广州市海珠区凤江小学的陈敏清老师，欢迎走进小学道德与法治课堂。今天我们学习六年级下册第三单元第一课《早期文明发祥地》。

这是本课的学习目标，请同学们静心默读。（课件出示学习目标）

大家都明确学习的目标了吧。让我们一起进入时光隧道，感受早期文明的魅力。

（二）引入话题，感知文明

1. 幻灯片配乐，展示文明发展图片。

导语：美丽的蓝色星球，孕育了我们全人类。在没有文字记载的远古时代，人类一直过着采集和渔猎的原始生活。数千年来，人类学会了取火、农耕、畜牧，过上了定居的生活，开启了早期的文明画卷……在漫长的岁月中，无数劳动人民用汗水和智慧创造了光辉璀璨的文明……

2.揭题：那早期文明的源头在哪里呢？今天，就让我们一起探访人类早期文明发祥地吧！

设计意图：通过图片推移介绍，让学生感受文明的发展，引出早期文明发祥地的话题。

（三）大河文明，寻根溯源

1.知早期文明之分布。

（1）读图学习：同学们，这是一幅人类早期文明分布地区的示意图，请你仔细观察、解读图中蕴藏的信息。

（出示"活动园"地图，思考"早期文明分布在哪？相同点？"）

（2）细心的同学不难发现，这些人类早期文明都位于几大河流域，（从右到左的色块闪烁变大，凸显大河流域名称）我们称之为"大河文明"。

追本溯源，我们知道这四个区域分别诞生了中华文明、古印度文明、古巴比伦文明和古埃及文明，所以这四大区域被称为人类早期文明发祥地。

2.明古人泽河而居之因。

（1）质疑：大家是否会有这样的疑问：为什么早期文明大都发源于大河流域呢？看看下面的视频能否解开你的疑惑。

（2）播放《尼罗河的赠礼》视频。

《尼罗河的赠礼》解说词

众所周知，尼罗河穿过非洲的东部和北部，流经撒哈拉沙漠，再注入地中海。它是世界上最长的河流，贯穿着埃及这个国家，对古埃及文明起了很重要的作用。

对人类来说，水是维持生存最重要的物质之一，因此，人类居住的地方必须有水源，才得以繁衍生息。可以说，尼罗河造就了埃及人。如果没有尼罗河的存在，埃及就会和撒哈拉沙漠一样遍地黄沙，人类无法生存。埃及的国土大部分都处于沙漠地区，很难进行农作物种植。但尼罗河每年都会发生河水泛滥的情况，但河水泛滥带来的不是灾害，而是大量的淤泥。这些淤泥因为河水的冲击作用形成了土壤肥沃的平原，如此一来就非常适合植物生长，有利于发展农业了。

古埃及的强大和繁荣是以这些地区发达的农业生产作为基础的，因此，古埃及文明又被称为尼罗河文明。

（3）看完短片，你能解答古人泽河而居的原因吗？（出示提示）

① 水是人类生存必需元素；

② 种植需要水灌溉；

③ 水路交通便利。

小结：正因为大河流域的各种便利，所以早期人类大都是泽河而居的。

（4）（再次出示地图）大家注意到这四大早期文明区域的地理位置还有什么共同点吗？（停顿，地图闪烁北纬20℃—40℃）

小结：从地理环境上看，这些区域所处的地带，气候温和，水源充足，地势平坦，利于农作物生长，适宜人类居住。由此可见，聪明的古人善于选择合适的生活环境生存和发展。

3.引出探究问题。

刚才通过阅读地图（指向地图），我们知道了四大早期文明发祥地的地理位置，以及产生的早期文明名称。（出现表3-8帮助概括）那它们又产生了哪些早期文明成就呢？下面我们继续去探究吧。

表3-8

地理位置	早期文明	早期文明成就
黄河、长江流域	中华文明	
印度河流域	古印度文明	
两河流域	古巴比伦文明	
尼罗河流域	古埃及文明	

设计意图：以图表为主线，以活动引领学生的自主探究学习。

（四）中华文明源远流长

活动："小小考古学家"

下面老师邀请你来当"小小考古学家"，请同学们带上考古初级必备工具——纸和笔，一起去完成考古任务吧。

考古任务一：辨识发掘古物

过渡：让我们先将目光聚焦在地图中我们最熟悉的区域。（橙色部分逐渐变大，移至屏幕中间）

1.简介地理位置。（出示黄河、长江流域走向图）远古的黄河中下游地区，气候适宜，黄土层深厚，易于开垦和耕作；而长江中下游地区雨量丰沛，水网密布，气候温暖。这里就是中华文明的发祥地。

2. 出示探究活动任务。

认真观看博物馆中的展品，记录好它们分别属于哪个遗址中食住用的哪一项。（出示"中华古物辨识图表"）

3. 参观河姆渡博物馆和半坡博物馆的展品。（分类出示各种图文）

4. 记录河姆渡人和半坡人生活的三大方面。

中华古物辨识表，见表3–9。

表3–9

	河姆渡人	半坡人	探究问题
生活地区	长江流域 浙江河姆渡	黄河流域 陕西半坡村	
食	 水稻	 粟	出土大量的农作物意味着什么？
住	 干栏式房屋	 半地穴式房屋	古人为什么将房屋建造成这样？
用	 骨耜	 小口尖底瓶	这些工具到底是做什么用的？

设计意图：追本溯源，聚焦中华民族的发祥地——黄河流域及长江流域。通过开展"小小考古学家"这一有趣的探究活动，通过了解古人生活的三大方面，让学生加深了解长江流域的河姆渡文化，明白进入农耕社会对早期文明发展的推动作用。

5. 再次质疑：考古学家发掘出遗址和遗物后，还需要弄清楚很多的问题。（出现问题）这些问题，你又能揭开谜底吗？

6.《河姆渡考古大揭秘》视频。

《河姆渡文化》解说词

中国浙江省余姚市河姆渡，它位于美丽富饶的宁绍平原，大约距今7000年前，河姆渡最早的居民来到了这里。

六七千年前的河姆渡人，到底又是用什么工具，制造出了什么样的建筑呢？照片中，就是专家复原后的，河姆渡祖先建造的房子。这种底下架空，带长廊的建筑，被专家称为"干栏式建筑"。它将房屋托离了潮湿的地面，这样更适合人类居住。

考古人员挖掘到距地面3米深的地方，发现了一些奇怪的东西，这些东西居然是碳化了的稻谷。在随后的发掘中，考古人员发现了数以吨计的稻谷，这些稻谷、谷壳等相互混杂，形成20~50厘米厚的堆积层。在河姆渡遗址中，稻谷堆积之丰厚，数量之庞大，保存之完好，在世界新石器时代人类遗址中是极其罕见的。

在离稻谷不远的地方，又有了新的发现。泥土中，出现了许多鹿骨、水牛肩胛骨。人们很快发现这些骨器竟然是史前人类用来翻耕土地的工具。专家们给它起了个名字叫骨耜。骨耜比石头做的工具要轻便灵巧。大量骨耜的出土向今天的人们呈现出这样一个事实，那就是距今六七千年前的河姆渡人，已经脱离了刀耕火种的耕作方法，进入了颇具规模的农业生产阶段。

7. 活动小结：谜底终于解开啦！早在7000年前，聪明的先民们已经懂得根据地理特点来建造房屋，使用特制工具栽培水稻。开始走进农耕文明社会。这次考古发现了我国才是最早种植水稻的国家。

设计意图：设置探秘揭秘的情景，让学生更为真切感受到先民们的智慧，激发学生热爱中华文明的民族自豪感。

8. 课后活动：河姆渡人是这样的有智慧地生活。那黄河流域的半坡人，他们的生活又是怎样的呢？小小考古学家们，可以自行上网参观"西安半坡博物馆"，了解更多的中华早期文明。

设计意图：突破教学时空的限制，让学生运用学法自主探究学习。

（五）世界文明各自灿烂

过渡：探访了中华文明发祥地，我们再去其他三个早期文明发祥地，看看他们是否也进入了农耕文明。

考古任务二：探寻文明印证

1. 小小考古学家们，老师搜集了一些遗址中的壁画和印章，看看你能否用它们来求证。（出示书本46页的三幅大图）

（1）探究汇报"古埃及人取水灌溉的壁画"。

录音：这是一幅大约5000年前的古埃及壁画，画中的古埃及人正在使用一种叫"沙杜夫"的工具取水浇灌。聪明的古埃及人利用尼罗河河水灌溉沿岸和三角洲平原的农田，栽种大麦、小麦等农作物，把尼罗河流域变成了"粮仓"。

（2）探究汇报"两河流域人种植谷物的印章"。

录音：这枚公元前3200年的古巴比伦印章叫国王祭司滚筒印章。记录的是国王手拿麦穗，正准备去拜神祈求风调雨顺、粮食丰收的情景。据资料显示，两河流域定期泛滥，生活在这里的人民在与洪水的斗争中学会了修筑堤坝，引渠灌溉和发展农业。

（3）探究汇报"古印度人驯养动物的印章"。

录音：古印度人在印度河和恒河流域驯养动物，种植谷物和棉花。从这枚印章看出了古印度人很早就懂得驯养动物。由于牛在印度社会与宗教生活中的特殊地位，牛的形象出现在印章中的次数最多，雕刻得也最为传神。这枚印章说明古印度人也开始了农耕文明。

2. 小结：从这些古老的壁画中，我们发现了三大区域的古人在种植作物和驯养动物，这些都是区域进入农耕文明的印证。原始农业的兴起和发展为古代文明社会的形成奠定了重要的基础。

过渡：四大早期文明区域前后进入了农耕文明。古人们除了用壁画和印章来记录早期文明，更重要的成就是发明了文字。

设计意图：以点带面，从中华文明的探究延伸到其他三大文明的探究，发展学生立足本国，放眼世界的学习观。通过资料补充介绍，让学生体会到人类文明是由世界各国人民共同创造的。

考古任务三：解密早期文字

1. 知道四大早期文字。

你们猜猜这些分别是哪个区域的早期文字？（分类呈现文字图连线题）

看，这是我国古代的甲骨文，这是古埃及象形文字，古巴比伦的楔形文字，古印度的哈拉本文字。

2. 探寻文字的起源。

（1）思考：小小考古学家，你们知道这些文字的起源吗？你发现这些早期文字有什么异同吗？（四种文字齐现对比）

（2）让我们跟随纪录短片《文字的起源》一起解密早期文字。

《文字的起源》解说词

文字的发明比人类历史上的任何其他发明都重要许多，它也改变了世界。语言和文字让人类可以更有效地交流。随着时间的前进，人们发明了许多标准的图画和抽象的含义。比如用一个碗表示食物，一个人头加一个碗表示吃。

根据加德纳对象形文字的分类，表现男人及各种职业的不同符号共55个，表现女人的符号7个，表现鸟的符号54种，表现建筑物和建筑物一部分的符号有51种。

大约公元前2500年，人们开始使用芦苇秆在泥板上刻画符号。芦苇秆的尖端在泥板上留下的痕迹，比杆身要粗，形状就像楔子。这种文字就是我们现在所说的楔形文字。楔形文字成为古代西亚人民的通用文字。

甲骨文正是指刻在龟甲和兽骨上的文字，是商朝人占卜祭祀所用，也叫甲骨卜辞。但仔细分析我们会发现，甲骨文中隐含着祭祀、田猎、农业、天象、征伐、王事等商代方方面面的内容，而且含有不少人名、称谓、地名、方国名等字词，堪称商代的百科全书。在世界四大古文字体系中，唯有以甲骨文为代表的古文字体系，虽然经过了甲骨文、金文、篆书、隶书、楷书等不同书写形式的变化。但是以形音义为特征的方块文字和基本语法保留至今。成为世界上使用时间最长和使用空间最广的汉字。

3. 此刻你有什么发现或收获吗？

4. 小结：文字的发明改变了世界。不同区域的文字字体虽不相同，但作用是相同的，文字能记录古人的生活。其中，中华文字的生命力更为让人惊叹！

5. 中华文字源远流长。

（呈现甲骨文拓片）看，这是在博物馆收藏的甲骨文（展示几块甲骨）。甲骨文静静地记录着几千年前古人的生活故事，是我国文化瑰宝。

6. 小结：今天，四大文明孕育的古文字中，有三种都已被深埋在岁月的风尘中。唯有汉字始终显示出它不同寻常的生命力！回顾历史，让我们更加珍视世界文明，也更加有一种使命感去坚持和传承中华文明。

设计意图：文字是文明发展的重要标志之一，以解密文字活动切入，让学生更好地体验不同的早期区域文明成就，感悟文字对文化传播的作用，以及人类文明的多元性。

（六）课堂总结，拓展阅读

1. 总结文明成就：小小考古学家们，完成了四项任务后，一起来总结一下大家今天的收获吧！你都记录好了四大早期文明分别有哪些成就了吧。（出示表3-10）

表3-10

地理位置	早期文明	早期文明成就
黄河、长江流域	中华文明	种植水稻、甲骨文……
印度河流域	古印度文明	驯养动物、种植棉花 哈拉巴文字……
两河流域	古巴比伦文明	修堤坝、引渠灌溉 楔形文字……
尼罗河流域	古埃及文明	河水灌溉、栽种大麦与小麦象形文字……

设计意图：以图表总结本课所学，使学生更为清晰明了，并进一步激发学生珍爱人类文化遗产的使命感。

2. 结语：同学们，昨日之文明是我们今日文明之根。早期文明区域创造的灿烂文化远不止这些……（出示各类早期文明成就图片）它们都对人类文明的发展做出了重要的贡献，对世界产生了重要的影响。（出现板书页）

3. 课后活动："读史使人明智，鉴以往而知未来"，课后同学们可以完成这两项小任务。

（1）推荐阅读：两本历史类书籍《写给儿童的中国历史》和《写给儿童的世界历史》。

（2）课后活动：以喜爱的方式继续探究半坡文明。

设计意图：推荐书籍引发学生阅读兴趣，为下一节课的学习做铺垫。

（七）板书设计

早期文明发祥地

（贴"活动园"地图）

源远流长	珍视传承

本课例活动照片如图3-10所示。

图3-10

附：

统编版小学《道德与法治》六年级下册第三单元第6课
《探访古代文明》学习任务单

学校：_____ 班别：（　　）年级（　　）班　姓名：_____

一、课前预习任务

1.阅读课本第44页的地图，找出四大早期文明发祥地的地理位置。

2.查找资料，了解四大早期文明的名称和它们产生的早期文明成就。

完成四大文明发祥地探究表。

二、课中考古小任务

1.参观河姆渡博物馆和半坡博物馆，记录展品分属哪个遗址中食住用的项目。

2.根据对比发现，提出你想探究的考古小问题。

三、课后延伸活动

以喜爱的方式继续探究半坡文明。

完成中华古物辨识图表。

〔本课例在广州电视课堂播出，并入选"学习强国"地方栏目；获南都教育联盟2020年度十大口碑课堂（小学组）。〕

《广州路名的来历》教学设计

一、课程标准

本活动主题体现了《义务教育品德与社会课程标准（2011版）》中内容标准的：了解家乡的发展变化，知道在历史发展过程中形成的中华民族优秀文化和革命传统，了解影响我国发展的重大历史事件和社会主义建设的伟大成就。

二、教材分析

《家乡名称的来历》是北师大版《品德与社会》四年级第二单元《家乡的故事》第三个主题《说不完的家乡故事》中的一课。教材从家乡名称的来历、历史传承、家乡的水等方面的变化中，多层面、多角度地具体感受和理解家乡历史的变迁、沿革和社会的巨大进步，让学生通过对家乡历史和文化的挖掘，产生热爱家乡、为家乡的明天做出贡献的想法。

我们以学生共同生活的城市——广州为探究对象，将地方特色融入教材中，从探究广州路名的来历入手，从而了解这座历史文化名城。本课是系列探究活动的开题课，重在指导学生如何开展探究活动，为学生有目的、有方法地进行小组调查作充分准备，为激发学生热爱家乡的情感打下坚实的基础。在学习活动中，学生需要运用讨论、调查、阅读、搜集资料等方法参与社会活动，深入社会实践。从而提高他们对社会问题的思考能力，对社会现象进行探究的能力，逐步培养学生应有的公民素质，成为一名有公民素养的人。

三、学情分析

广州，对四年级的学生来说，可说是熟悉而陌生的城市。每天生活在此，本以为应该是熟悉的，但其实对城市的历史、背后的文化底蕴却是一知半解的陌生。所以在本课设计中，教师以教材为依据，课文为范本，整合了教材的中心思想并加入本土元素，以学生共同生活成长的家乡——广州作为探究对象，以广州道路名称来历为切入口，引导学生进行探究的活动，既贴近学生生活，又对学生了解家乡的历史和变迁具有实际意义。四年级的学生初步具有合作探究的能力，但走出社会进行研究活动，是急需老师指导的。

四、教学目标

1. 了解广州重要道路名称的来历。
2. 成立专题调查小组，多角度探究广州的有关历史。
3. 感受家乡历史的悠久以及独特的传统，增进热爱家乡的情感。

五、教学重难点

重点：了解广州重要道路名称的来历。

难点：整理探究问题，多角度探究家乡的有关历史。

六、学习方法

问题解决学习法、小组合作探究学习法。

七、教学准备

相关课件，学生制订探究计划的各种资料。

八、课时安排

第一阶段（1课时）：确定研究主题，策划研究活动，制订研究活动计划。

第二阶段（2课时）：展开研究调查，阶段性汇报与答疑，整理研究成果。

第三阶段（1课时）：展示研究成果，对研究活动进行总结。

九、教学过程

表3-11

活动环节	教师活动预设	学生活动预设	活动意图
一、阐释定义，出示主题	1.同学们，每个人都有自己的家乡，"家乡"就是我们出生或是长时间居住生活的地方。我们每天都居住在广州，在这个美丽的	1.学生观看美丽的广州风景和地标性建筑图。	

活动环节	教师活动预设	学生活动预设	活动意图
	城市里生活学习，健康成长。广州就是我们的家乡。（PPT出现广州城市风貌图片） 2.孩子们，你们了解广州吗？乐羊羊想问问大家，你们知道广州名字的来历吗？ （PPT介绍广州名称的来历）（贴主课题） 3.这就是"广州"名称的来历。其实广州还有不少别称，你们知道的有几个？知道它们的来历吗？（出示图片，补充介绍"羊城""穗城""花城"） 4.这些美丽的传说只是广州故事的一部分，这个有着两千多年历史文化的城市，处处有故事，处处有内涵。认真观看以下这段视频，你发现了哪些东西蕴含着广州的历史文化？（播放以广州路名为主的公益广告） 5.再读读这则以路名编成的歌谣，十分有趣。 出示顺口溜： 一德路，二沙头， 三元里，四牌楼， 五仙观，六榕路， 七株榕，八旗二马路， 九曲巷，十甫路。 跟着数字走一走，广州精彩处处有！ 小结：这些路名就是广州历史文化的名片。它们像烙印一样，记载着广州的历史，蕴含着广州的精神文化。今天，就让我们一起来探究广州路名的来历。	2.听老师介绍"广州"城市名称的来历。 3.学生答"羊城""穗城"，说故事、传说。 4.学生观看视频并谈发现。 （预设：广州的路名很特别，很有意思……） 5.学生读路名顺口溜，说说自读后的感受。	教师阐释"家乡"定义，让学生确立自己的家乡是广州。从而明确本单元的学习主题。 知道道路名称背后也蕴含文化历史，感受广州这座城市悠久的历史文化韵味。
二、初读路名，引疑激趣	1.生活在广州的我们，经常穿梭于大街小巷，我们都认识一些道路。回忆一下，能说出一些你认为可能是有历史、有故事的路名吗？ 2.看着这些路名，你有什么想法，想了解些什么？或说一些与路名有关的猜想。 老师根据学生回答整理问题，归纳探究主题：如何从路名的来历中去了解广州的历史文化？ 大家能够勇于提问，大胆猜想，这是很好的学习方法。接下来我们就要开始探究考证了。	1.学生说出知道的有含义、有故事的道路名称。书写并贴在黑板上。 2.学生大胆提问，谈猜想。 （预设：为什么叫这个路名？这个路名有什么含义？	此环节让学生大胆设疑，猜想道路名称的来历，引发自己的一番思考，明确自己想探究的内容，为划分小组作准备。激发学生探究广州道路名称背

活动环节	教师活动预设	学生活动预设	活动意图
	小结：想知道这些路名的来历，我们就要挖掘它们背后的地理环境、著名人物、历史事件还有更多内涵。其实许多路名背后还与商业贸易、标志性建筑等有关呢。（贴分类）	这个路名背后有什么故事？…… ）	后历史的兴趣。
三、根据兴趣，自主分组	1.事不宜迟，现在就让我们成立专题小组开展对广州路名的探究。我们根据探究内容的不同划分为不同的小组：地理环境组、著名人物组、历史事件组、商业贸易组、标志性建筑组。 2.现在，请大家根据自己的兴趣、特长，选择你想探究的内容加入该小组吧。 宣布广州路名来历各调查小组正式成立。	1.明确路名大致的分类。 2.学生按兴趣自由加入不同小组。	从学生的兴趣出发，让他们自由加入不同的专题小组，能更好地发挥个人所长，增加探究热情。确立小组为开展方案制定提供重要的基础。
四、制定方案，订立方向	1.现在，请大家选出组长，并一起在小组里讨论，哪些道路与自己组探究的内容关系最密切？ 2.请学生代表上黑板选择粘贴与各组相关的路名，并说明选择的理由。（允许学生根据自己的理解粘贴路名） 老师根据学生回答随机归纳出探究问题的关键词，贴板。 小结：你们说的都有一定道理，可我们现在只知道一些表面信息，要了解广州的历史文化，还需要我们深入调查，进一步挖掘路名背后的位置、影响、作用、变化、经济、历史、文化等因素。 3.接下来，我们就要在小组内进行讨论并制定调查方案，为开展探究活动作准备。 （1）小组商量，选出一条要共同调查的道路。如果对其他道路感兴趣，欢迎大家在课余时间开展调查。 （2）小组研究，一起确立具体的调查内容。 例如：大家想探究道路哪些方面的情况。 ——记录下来。这是我们的讨论重点。	1.学生推选组长并讨论道路名称与探究内容的联系。 2.学生根据调查表内容进行思考、讨论，合作完成初步的调查方案。	通过唤起生活经验，筛选调查的路名，让学生明确调查的方向。 以调查表提纲形式，给学生以引导，让他们明确任务和调查的重点，有效地指导学生开展小组分工，讨论。

续　表

活动环节	教师活动预设	学生活动预设	活动意图
	（3）在调查表中，选择一些最适合自己组的调查方法，最后根据调查方法的不同进行分工。 （见附件《广州道路名称来历调查方案》）		
五、分享方案，集体动员	1.老师巡视检查各小组方案制定进度。 2.指名分享讨论成果，展示一些小组的方案。 3.老师相机补充调查的途径：网站、文章等（广州地名网、广州地名故事节目、《广州路名研究》） 4.如果大家在调查过程中遇到困难，或者想到一些好的解决办法，可以记录下来，老师再组织大家交流解答。 小结：同学们，有人说，细看广州的路名，就像看广州的变迁；探究广州的路名，就等于研读广州的历史；读懂广州的路名，你就能理解广州的文化，并且会爱上这座城市。 今天，"广州路名来历"的探究活动，正式拉开帷幕了！让我们走进社会，去努力发掘广州路名背后那些鲜为人知的故事，去感受这个历史名城的无限魅力吧！	学生积极发表讨论结果，展示各专题小组主要探究的问题。	通过小组汇报，展示，检查学生方案的制定情况。与此同时，在各小组的交流中，大家能集思广益集中讨论疑难问题，相信能碰撞出智慧的火花，为顺利开展探究活动提供有效的帮助。

十、板书设计

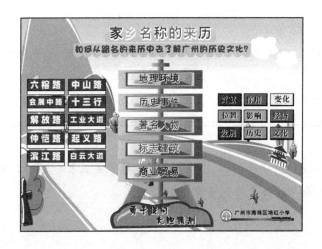

附：

广州道路名称来历调查方案

广州道路名称来历 小组 调查方案		
调查时间：	年 月 日 至 年 月 日 （2周）	
调查对象：	＿＿＿＿＿＿＿路/街道（选择一条道路）	
调查人员：	组长：	组员：共＿＿＿人

第一阶段　确立主题（1课时）

一、我们调查的具体内容：（道路背后的人物/历史事件/文物建筑/商业情况/自然环境）

＿＿＿＿＿＿＿＿＿＿＿＿＿＿＿＿＿＿＿＿＿＿＿＿＿＿＿＿＿＿＿＿＿＿＿＿＿

＿＿＿＿＿＿＿＿＿＿＿＿＿＿＿＿＿＿＿＿＿＿＿＿＿＿＿＿＿＿＿＿＿＿＿＿＿

二、选择最佳调查方法：（可多选）

A.上网搜集资料　　B.到图书馆查找资料　　C.拍摄照片　　D.拍摄录像　　E.采访记录

F.问卷调查　　G.其他＿＿＿＿＿＿＿＿＿＿＿＿＿＿＿＿＿

三、调查员分工：＿＿＿＿＿＿＿＿＿＿＿＿＿＿＿＿＿＿＿＿＿＿＿＿＿＿＿＿

第二阶段　探究活动（2课时）

一、遇到的困难及解决办法：

困难：＿＿＿＿＿＿＿＿＿＿＿＿＿＿＿＿＿＿＿＿＿＿＿＿＿＿＿＿＿＿＿＿＿＿

解决办法：＿＿＿＿＿＿＿＿＿＿＿＿＿＿＿＿＿＿＿＿＿＿＿＿＿＿＿＿＿＿＿＿

二、注意事项：＿＿＿＿＿＿＿＿＿＿＿＿＿＿＿＿＿＿＿＿＿＿＿＿＿＿＿＿＿＿

第三阶段　总结汇报（1课时）

一、展示方式：（可多选）

A.照片集　　B.幻灯片演示　　C.手抄报　　D.采访记录/视频　　E.知识问答

F.情景剧　　G.其他＿＿＿＿＿＿＿＿＿＿＿＿＿＿＿＿＿

二、调查总结：＿＿＿＿＿＿＿＿＿＿＿＿＿＿＿＿＿＿＿＿＿＿＿＿＿＿＿＿＿＿

（本课例获广东省小学品德综合课优秀教学成果展示活动二等奖、海珠区小学品德课程教师综合素质优质课评比二等奖。）

《广州路名的来历》教学反思

　　《品德与社会》课程是综合性课程，主导价值是对学生进行品德教育和促进学生社会性发展。品德课重实践重探究，本课教学以"问题"为线索展开探究活动，将"问题解决式教学"应用于品德课中。教师根据单元教学要求和学生生活实际设计了本节开题课，在教学中开展探究性实践活动，有助于促进学生高阶思维的发展，提升学生解决问题的能力。

　　《广州路名的来历》是北师大版《品德与社会》四年级第二单元《家乡的故事》第三个主题《说不完的家乡故事》中《家乡名称的来历》一课的衍生版。设计者深入挖掘教材，以生活为基础，以问题作引领展开教学，通过创设情境，激发学生学探究家乡——广州的历史的兴趣；通过巧妙设疑，引导学生自主探究；通过有效的方法指导，促进学生制定活动方案。在学习中，学生学会了根据自己感兴趣的内容，如何有目的、有方法、有计划地进行小组探究活动，并在活动中提高了他们对社会问题的思考能力，对社会现象进行探究的能力，从而逐步培养应有的公民素质。纵观本课，在教学过程中主要体现了以下几个特点。

一、阐明主题，激学生学史兴趣

　　教材以家乡名称来历为研究对象，旨在让学生发掘家乡历史，了解家乡文化，产生热爱家乡的情感。教学开始就以学生日常生活的城市——广州为研究对象，通过课前调查，学生分享已有知识，清晰明了地解决了广州名称以及别称的来历。

　　教育家、思想家孔子曾说："知之者不如乐知者，乐知者不如好知者。"若要孩子们对家乡历史进行深入探究，激发他们的兴趣相当重要。因此，在课堂中要运用新颖多变、形式多样的教学方法和手段来刺激、培养学生的学习兴趣。特别寻求具有历史故事的道路广告视频和趣味歌谣，激起了学生探究广州路名背后故事的兴趣，产生了解家乡深厚文化底蕴的欲望，同时阐明了研究主题——探究广州路名来历。让凝固的教材演化成具有生活性、开放性、活动性的灵动课堂，体现了《品德与社会》课程教学原则，突出新课程理念。

二、巧妙设疑，引学生自主探究

问题解决式学习活动的开展都源于问题——只有产生了问题，才会有解决问题的动力，问题也是学习的动力。"不愤不启，不悱不发"是孔子的名言，这就要求教师精心创设问题，引导学生在积极的思维活动中学会提出问题、理解问题和解决问题。好奇是孩子的天性，学生有许多的"为什么"，但哪些问题才是有研究价值的呢？

在这堂课上，教师用开放性的问题引领孩子，如："看着这些路名，你有什么想法，心中有疑问吗？你有一些大胆的猜想与我们一起分享吗？"充分挖掘学生的潜力和已有的经验，激起他们探究问题的兴趣，只有这样，研究才会真正成为学生自己内心的需要。接着，教师又快速对学生提出的种种问题加以归纳整理，抓住学生发现路名与广州历史之间联结点的契机，引导学生把研究对象分类，同时让学生总结出最终的研究专题——如何从路名的来历中去了解广州的历史文化？孩子们带着自己的问题，展开了他们的自主探究之旅。课堂中，学生积极参与，主动探究，学得愉快。

三、方法指导，促学生制定方案

在这堂课中，教师注重问题解决式学习的方法指导，沿着"初读路名，引疑激趣—根据兴趣，自主分组—制定方案，订立方向—分享方案，集体动员"这一线索展开，循序渐进地引领着学生去找到解决问题的方法。在教学重点环节，指导学生用抓关键词的方法来提出问题，如在学生发现路名的命名因素时，教师紧接着说："探究广州的历史，原来可以根据历史、影响、作用、位置、变化、文化、经济等内容提出问题。"以此启发学生如何提问。同时以老师探究十三行路路名的事例给学生作示范，为小组制定方案的顺利开展奠定了基础。小组合作制定方案时留足空间让学生自己去观察、去思考、去探究，在交流讨论中学生学习兴趣浓厚，智慧的火花不时闪现，如有些组的孩子在制定方案时写道：工业大道的过去与现在有什么变化？工业大道的名字都来源于哪些工厂？起义路是纪念什么历史事件而命名的？这件事对广州有什么影响？……这些问题的提出，都真正体现了学生是课堂的主体。

　　完美的课堂是我们不断追求和努力的方向。在这节课上，有些环节如果能换一种方式处理或呈现，相信会有更好的效果。当学生把道路分类出现错误时，教师出于本能给予了及时的纠正。但由于本课是问题解决式学习的开题课，课后反思如能给予学生探究以后去发现和自主纠正错误的空间，那么孩子会有更深刻的理解。在教师亲身示范探究案例时，以口述的方式呈现，如能换一种方式，以学生提出问题，教师相机示范，也许会有更好的互动效果。总之，品德课堂中的教育不应教给学生一个个死板的知识点，而应呈现给学生一个个精彩纷呈的故事，一段段内涵丰富的历史。

《家乡人的智慧》教学设计

一、课程标准

本活动主题体现《义务教育品德与社会课程标准（2011年版）》中的内容标准如下：学习和了解家乡和祖国的历史与文化，热爱家乡，珍视祖国的历史与文化，具有中华民族的归属感和自豪感。

二、教材分析

《家乡人的智慧》是北师大版《品德与社会》四年级上册第三单元中《从家乡看祖国》的第一个小主题，本课以江南水乡为例，列举出了丝绸、丝绣，目的在于帮助学生，懂得家乡人的许多智慧都是通过具体的产品展示出来的，为学生的探究活动提供了案例。还以中医、中药引出家乡的名人，旨在帮助学生理解传统文化和前人的贡献。

三、学情分析

本班学生都是出生并长期生活在广州的。前两个单元，学生通过了解家乡的地理位置、风景名胜，家乡的过去和现在，对养育自己的家乡有了一定的感情。但是受年龄和生活阅历的影响，学生对家乡的历史和文化了解不多。我们的《品德与社会》课程就要立足学生生活实际，有效地开发课程资源。基于这个需要，课前通过问卷调查了解到学生比较感兴趣的建筑文化及凉茶文化，并结合校本盆景文化资源，让学生进一步认识和了解家乡的文化，加深对家乡深层次的了解，增进对家乡的情感和建设文明富裕的家乡的愿望。

四、教学目标

1. 通过了解具有广东特色的骑楼建筑、广东凉茶、岭南盆景三方面的发展，多角度地体会家乡人的聪明才智。

2.了解家乡名人、普通劳动者对家乡的贡献。

3.激发为家乡人喝彩、立志为家乡作贡献的情感。

五、教学重难点

重点：了解、探究具有广东特色的物品或建筑。

难点：激发为家乡人喝彩、立志为家乡作贡献的情感。

六、教学过程

表3-12

教学环节	教师活动预设	学生活动预设	设计意图
一、了解特色物品，领略各地文化	1.孩子们，俗话说："一方水土养一方人"。几千年来，家乡的人们依靠自己的勤劳智慧，创造发明了许多物品。其中，一些物品闻名世界，为人类的文明与进步做出巨大贡献。 2.现在让我们走到祖国不同地区，去了解一下那些具有当地文化特色的物品吧。（出课件） 小结：每个地方的特色物品，或是建筑，或是文化，无不是家乡人智慧的结晶。	学生欣赏美丽的风景及当地特色物品。	拓宽学生视野，从各地特色物品体悟劳动人民无穷的智慧。
二、探究广东特色，感受内含智慧	过渡：其实，在我们广东也有不少值得咱们骄傲和自豪的特色物品。 1.课前，同学们都搜集到了哪些具有广东特色的物品？让我们来展示一下吧。 小结：智慧就在我们的身边啊！广东人的智慧体现在方方面面，各行各业中。只要我们细细观察，用心体会，一定能有更多发现。 过渡：正好，第六届"广府文化节"要开幕了，老师收到了邀请函，组织单位想邀请同学们去当"小小介绍员"。今天就让我们深入了解广东人的智慧，为介绍作准备吧！ 2.老师这里有三个"智慧锦囊"，里面都藏着许多广东人的"智慧密码"，大家想打开看看吗？它们分别是建筑智慧、生活智慧和艺术智慧。	1.请同学们简单介绍自己认为最具广东特色的物品。 2.学生阅读"智慧锦囊"及补充资料，进一步了解透露广东人智慧的广东特色。	聚焦广东，发掘身边最具广东特色的物品，感知智慧无处不在

续 表

教学环节	教师活动预设	学生活动预设	设计意图
	（一）建筑的智慧 1.请看，这是大家常路过的地方，第十甫路、上下九路、中山路、解放路，大家有发现这些路段的特色吗？（图片呈现） 2.看来，骑楼街的好处真不少。这么有特色的岭南建筑，我们的家乡人是怎样想到建造的呢？ 3.是呀，骑楼街可以避风雨、防日晒，特别适应我们广东地区多雨的气候。骑楼内的店铺可以借用柱廊空间，便于敞开铺面、陈列商品以招徕顾客，促进商业经济的发展，真可以说是一举两得啊！ 晾晒衣服　　　　避雨遮阳 发展经济 4.解开了骑楼建筑的智慧密码，你们有什么想说的？ 小结：这是我们家乡人因应环境特点，运用智慧改善生活的充分体现。骑楼还被列入了"非物质文化遗产"名录。 5.你看，一些青年学生为了宣传和保护广东的骑楼文化，制作了一系列精美的骑楼模型并作展览，这项制作成了他们的业余爱好。 6.孩子们，除了骑楼，在生活中你还发掘到在其他建筑上的智慧吗？ 7.出示陈家祠雨水侧漏、岭南屋檐的建筑设计。 总结：生活中不缺乏美，我们只要有善于发现的眼睛，处处都能感受美！生活中也不缺乏智慧，只要用心，生活处处皆有智慧。	（一）建筑智慧 1.学生谈发现。 2.学生利用资料及对骑楼的认识，挖掘建设者的智慧所在。 3.学生交流自己的感受。 4.了解为了保护这项特色建筑可以做些什么。 5.学生自由谈发现。	"广府文化节"已经连续举办了五届，学生或多或少会有所闻。引入"广府文化节"的情景，能更大地激发学生学习探究的兴趣。 利用学生的生活经验，挖掘建筑上的智慧，让学生深入认识到人们因时因地制宜的建筑理念。 激发学生树立挽救、保护逐渐消失的建筑特色的意识。

176

教学环节	教师活动预设	学生活动预设	设计意图
	（二）生活的智慧 1.同学们，炎炎夏日吃太多煎炸食物容易上火，你们有什么降火的好方法吗？ 看着广州街头上多不胜数的凉茶铺，就知道凉茶真是深入民心啊。你知道广东人为什么那么爱喝凉茶吗？ 小结：看来凉茶的作用真不少，还可以改善身体状况，提高身体免疫力。 凉茶是粤、港、澳地区人民根据当地的气候、水土特征，在长期预防疾病与保健的过程中，以中医养生理论为指导，以中草药为原料，具有清热解毒、生津止渴、祛火除湿等功效的饮料。 2.师生共同品尝凉茶，引导学生谈凉茶的口感。 3.用许多药材熬制的凉茶竟然可口好喝，究竟里面藏着什么秘密。我们打开生活智慧密码了解一下吧。 4.根据学生回答适当补充凉茶改良及发展的资料。 5.其实凉茶得以兴旺发展，成为岭南中医药文化的代表，并享誉世界，这其中有许多为凉茶事业做出巨大贡献的人物。老师介绍代表人物。 6.除了这些代表人物以外，我觉得还有不少人用一碗凉茶演绎着爱的故事呢！ 当喉咙疼痛时，妈妈给我煲了五花茶； 当口干舌燥时，奶奶把二十四味端到我的面前…… 总结：勤劳的广东人，努力开拓创新，为凉茶事业走向世界默默奉献着。这普普通通的凉茶充满着家乡人的智慧，更凝结着亲人的温情。	（二）生活智慧 1.学生汇报广东人爱凉茶的原因。 2.品尝凉茶，谈口感。 3.学生汇报资料所获：凉茶的改良和用料。 4.学生说自己和凉茶的小故事。	生活在广州的孩子一般都饮过凉茶，根据生活经验，再辅以资料帮助，相信学生都能解开广东人饮凉茶习惯的原因。 通过体验活动，从口感入手，进一步揭开改良凉茶中蕴含的开拓创新智慧。 一碗简单的凉茶，一件温情的小事，让学生从心底感受到这与自己息息相关。

教学环节	教师活动预设	学生活动预设	设计意图
	（三）艺术的智慧 过渡：我们不但在社会、在家庭能发现智慧之处，在我们美丽的校园也不例外。（学校盆景园图片展示）校园郁郁葱葱，难怪到我校拍摄的记者朋友都对这盆景园赞不绝口。 1.播放新闻台介绍我校盆景特色的视频。 2.请本班"盆景小社团"学生指导欣赏岭南盆景艺术精品，引导学生谈感觉。 小结：是呀，你看这些岭南盆景，就像立体的诗，艺术的画。 4.请本班"盆景小社团"学生指导如何修剪盆景。 5.这岭南盆景修剪成型少则需数年，多则需数十年，是如此不易。你想对设计维护盆景的人说些什么？ 6.岭南盆景还联结着我们的生活（展示保利社区盆景图），聪明的广东人把大自然的美浓缩于方寸之盆里，以此美化环境，调剂生活，既可舒目怡神，又可陶冶性情。这难道不是我们家乡人智慧的体现吗？勤劳的广东人以智慧养护植物，美化生活环境，还把岭南盆景艺术推向世界。 总结：岭南盆景是广东艺术的精华，这"非物质文化遗产"需要热爱家乡文化的人代代传承。我们的传承人除了陈主任，还有在座的每一位培红人，你们就是岭南盆景艺术的接班人。家乡的文化需要大家共同维护和薪火相传。	（三）艺术智慧 1.观看电视台视频。 2."盆景小社团"的同学谈岭南盆景与其他流派的区别。 3.学生谈欣赏后的感受。 4.分组开展修剪活动。 5.学生谈活动感受，感谢传承人的付出。 6.回顾生活中接触到的盆景，感受广东人的智慧和审美情趣。	利用"盆景小社团"成员的资源开展相关的简介和指导活动，让全体学生能亲身体验修剪盆景，明白一件艺术品的成型需要技法及付出许多心血培养。 渗透爱绿护绿的环保教育，让每个培红人都自觉成为岭南文化的传承人。
三、领略名人风采，为家乡人骄傲	1.认识和发现更多生活中的智慧。 孩子们，智慧无处不在，无论从建筑上、艺术上和生活中，处处都透露着了广东人的智慧。看这些物品，哪一样不是家乡劳动人民智慧的结晶呢？ （PPT展示广彩、粤绣、剪纸等的特色） 2.制作《家乡的名人简历》 智慧源于勤劳，家乡的建设离不开名人、伟人的贡献，更离不开一代代普通劳动人民的辛勤付出。（PPT展示历代广东名人）	1.学生观看其他具有广东特色的物品。 2.课后完成《家乡的名人简历》	激发学生课外继续探究其他"非物质文化遗产"。 同时激发学生为家乡人喝彩、立志为家乡作贡献的情感。

教学环节	教师活动预设	学生活动预设	设计意图
	课后，让我们一起来寻找曾经为我们家乡建设作出贡献的人物，制作《家乡的名人简历》。 你家乡的历史上有过哪些名人？把你知道的写在下面的表中。 家乡的名人简历 姓　名：_____ 出生年代：_____ 主要贡献：_____ 总结：俗话有说：美不美，家乡水，亲不亲，家乡人。家乡是每一个人最眷恋的地方。因为那里不光有生养我们的父母，还有勤劳朴实、充满智慧的家乡人。他们用自己的双手建设着美好的家园，创造了璀璨的物质文明。让我们同为智慧的家乡人喝彩吧！		

七、板书设计

家乡人的智慧

建筑的智慧　勤劳务实

生活的智慧　开拓创新

艺术的智慧　崇尚自然

情境体验，构建有效课堂

——《家乡人的智慧》教学反思

　　《家乡人的智慧》是北师大版《品德与社会》四年级上册第三单元中《从家乡看祖国》中一个小主题。在前两个单元的学习中，学生通过了解各自家乡的地理位置、风景名胜，家乡的过去和现在，对养育自己的家乡有了一定的感情。但是受年龄和生活阅历的影响，学生难免对家乡的历史和文化了解不多。除了土生土长的广州娃，本班还有不少外来务工人员子女。对于长期生长在广州的孩子来说，广州就是他们的第二家乡。《品德与社会》课程要立足学生生活实际，有效地开发本土课程资源。基于这个学情，在本课教学中，教师立足让学生通过认识和了解广州本土文化，加深对家乡深层次的了解，增进对家乡的情感和建设文明富裕的家乡的愿望，乐于在学习活动中积极发表自己的看法。

　　为了激发学生的学习兴趣，在教学中，教师主要采取了情境体验教学的策略，以激发学生的学习兴趣。所谓情境体验式教学，就是为达到既定的教学目的，根据教学内容和学生特点，引入或创设与内容相适应的教学情境，让学生置身于特定的教学情境中，引起学生的情感体验，激发学生思维，使其积极、主动参与教学活动，提高教学实效。

　　本课运用情境教学法中"情境—体验—感悟"这三阶段的模式，驻足于考虑如何激发学生的学习兴趣、通过各种体验活动让学生感受无形的文化精粹，体悟广州人的智慧所在，让学生产生求知欲望，主动去探讨其他的文化遗产，使学生真正成为课堂的主人。

　　孔子曾说："知之者不如乐之者，乐之者不如好之者。"在导入环节中，以精美的图片配合老师生动简洁的说明，向学生展示祖国各地具有地方特色的物品。开门见山地点明主题：许多有地方特色的物品都来自家乡人的智慧创造，这些物品都是家乡人智慧的结晶。简洁明了的导入环节，不仅涵盖了书中内容，还拓宽学生的视野，更激学习兴趣，家乡人的智慧在学生的心灵上留下痕迹，为下面教学环节的开展做好铺垫。

环节二是"探究广东特色，感受家乡人的智慧"。本环节是本课教学的重难点所在。教师在环节开始，就把学生的视野从祖国各地聚焦回自己的家乡中来。接着巧设情境，以学生为准备当"广府文化节"介绍员为契机，设计开启广东人"智慧锦囊"的情境，把学生要深入了解的内容自然地串联起来，分别以"建筑智慧""生活智慧"和"艺术智慧"为主线，贯穿始终，让学生从多角度去体会家乡人的智慧。

在"建筑的智慧"环节，以图片音乐创设情境，让学生回忆起自己在骑楼下行走的感觉。当学生畅谈自己感受到骑楼的好处时，教师立刻抛出问题：这么有特色的岭南建筑，我们的家乡人是怎样想到建造的呢？当学生产生了困惑，便会主动在"智慧锦囊"中寻找答案，探究骑楼建造的起源。有了情境引导，通过主动探究，学生便明白：骑楼街不仅因应我们广东地区多雨的气候而建造，而且骑楼内的店铺可以借用柱廊空间，便于敞开铺面、陈列商品以招徕顾客，促进商业经济的发展，一举两得。由此，孩子对家乡人智慧产生了佩服之情。本环节利用学生的生活经验，挖掘建筑上的智慧，让学生深入认识到人们因时因地制宜的建筑理念。

莎士比亚说："学问必须合乎自己的兴趣，方才可以得益。"承接而下的"生活的智慧"部分则以学生所熟知的广东凉茶为重点。教师抓住最能凸显广东人在凉茶方面智慧的两点引导孩子进行思考、讨论。一是凉茶起源于广东，广东人为什么创造了凉茶？二是现代的凉茶经过长久的发展得以畅销世界，那当中又有哪些改良与发展呢？根据兴趣质疑，希望孩子能深入挖掘凉茶背后家乡人的智慧，而不仅仅停留在肤浅的认识上。课堂中段别开生面地开展了"师生共品凉茶"的体验活动，学生从亲身体验中马上感受到凉茶从过去的苦涩到现在易于入口，从以前慢慢煎熬到现在罐装出售，方便人们需要，在愉快的体验中体悟到凉茶的改良与进步和家乡人的智慧密不可分。

最后，教师引导学生从社会上的发现回归学校环境。我校是"岭南盆景非物质文化遗产传承单位"，有着美丽的绿化环境和人文基础。利用好校本特色，更容易让学生感受这藏在艺术中的智慧。通过实景图片和电视台采访视频，让学生感受盆景美化着校园。教师还开发学生现有资源，请"盆景小社团"的学生为其他同学介绍盆景是如何修剪成型的，让学生通过体验修剪的活动环节感受培育盆景成型的艰难。我引领学生的目光从学校延伸至家庭，展示保利社区居民盆景图，感受广东人酷爱盆景，让学生发现盆景给自己家庭增添了美，增加了情趣。

正如卢梭所言：教育的艺术是使学生喜欢你所教的东西。而情境教学就是一种沟通心灵的艺术。创设情境，激发学生学习兴趣；巧妙设疑，引导学生自主探究；体验感悟，提升学生自身素养。它使学生不但真正成为课堂的主人，而且使课堂成为孕育学生个性和创新精神的主阵地。

《升中之前》教学设计

一、课程内容标准解读

《升中之前》是根据北师大版《品德与社会》六年级下册第六单元《我要上中学了》主题内容所整合的课例。本课根据《课程标准》中"学校生活中的道德规范"的内容和要求编写，教育学生正确对待升中问题。

二、教学背景分析

小学六年级的同学还有不到一个月的时间就要毕业告别母校，进入中学继续学习和生活。现时市内小学升中学采用电脑派位方法，大部分毕业学生会就近升读组内对应派位的中学，一部分比较优异的学生则可推荐或自考到一些重点中学就读。到重点中学就读是大部分毕业生及其家长的愿望，这部分同学难免会担心自己在升学考试中"失手"；而有少数学习成绩一般的同学则抱着"听天由命""等派位"的想法，心理十分消极。

在进行教学策划时，考虑到课文内容只是着眼于对学生进行升中学前的说理教育，而忽视了学生的情感需要，故对教材内容进行整合。通过感受六年学习、生活的收获、快乐，让学生明白，不论去到哪一类学校，只要努力，就一定可以学得好。同时，六年的同窗情谊是多么的可贵，要好好珍惜。着重培养学生的良好心态，正确对待升中问题。

三、教学目标

1. 回顾六年的学习生活，感受同窗情谊的可贵，体验成长的快乐，忆起快乐背后的曾做出的努力。

2. 调节好自己的情绪，以良好的心态面对升中问题。加强对初中生活的向往。

3.增强对父母的养育之情，对母校和师长的感激之情。

四、教学重难点

重点：回顾六年的学习、生活，感受同窗情谊的可贵，体验到成长的快乐，忆起快乐背后的曾做出的努力。明白成功是因为付出了努力。

难点：明白无论去到哪一类中学，只要努力，就一定可以学得好。调节好自己的情绪，做好准备，愉快地升上初中。

五、课前准备

1.对学生的心理现状进行调查、统计，发《成长辅导调查问卷》。

2.准备数码相机，邀请毕业生拍摄中学生活等。

3.邀请学生家长、学校心理辅导室教师或教导主任到场。

4.准备50张彩色折纸。

六、教学过程

表3-13

教学环节	教师活动预设	学生活动预设	设计意图
一、相片回顾，体验成功	1.激情导入：同学们，时光匆匆而过，转眼之间，六年的小学生活将近结束了。这六年来，一定发生了不少事，令你记忆犹新；一定会有不少人，与你情谊深厚；也一定会有不少收获，让你欣喜鼓舞。让我们一同走进时光的隧道，再一次来回味那难忘的每一刻。（播放歌曲《当我们同在一起》，出示班级活动照片）2.我提议，现在就与你们四人小组的小伙伴一起，聊一聊你六年来最难忘的经历吧。	1.回顾学习、生活照片。2.分小组进行交流活动。3.汇报最难忘的画面。	回顾六年的学习、生活，体验到成长的快乐，忆起快乐背后的曾作出的努力。激起学生的班级归属感。
二、倾吐了解，舒缓压力	1.过渡：再过半个月，大家即将离开母校，与相处多年的老同学分别，进入初中继续学习了。在升中之前，你想的最多的是什么？（板书：升中之前）2.出示课前学生心理调查统计表，归纳学生升中当前的困惑。	1.学生自由讲想法或困惑。2.学生自由讲影响。	让学生明白父母的期望，知道舒缓压力的方法，明白无论去到哪一

续 表

教学环节	教师活动预设	学生活动预设	设计意图
	3.你认为这些困惑会影响到你现在的学习和生活吗？ 4.升中前的种种压力，如一块块沉甸甸的大石头，压在同学们的心里，真难受。 你希望了解中学的各种情况，父母的想法，倾听心理辅导专家的意见，来解除这些心理压力吗？ 5.今天，老师专门邀请了几位嘉宾，为大家解决心里的烦恼。介绍出席嘉宾及其主要负责解决的问题。 6.指导采访：制订采访计划，记录汇报，限时8分钟。老师进行巡视。 （1）采访教导主任有关中学生活的建议，重点引导学生学习的自觉性，中学学习科目增加，功课增多，学习须更加自觉。 （2）采访心理辅导教师有关减压的方法，主要介绍音乐放松法、运动放松法、自我暗示法。 （3）采访家长了解长辈的期待。 小结：通过这次的采访活动，大家对中学的情况、对长辈的期盼都有所了解了，相信也舒缓了大家的部分压力。（板书：舒缓压力）	3.观看中学学生生活学习的视频。 4.分组讨论，制订采访计划。 5.分组活动。 6.小组汇报。	类中学，只要努力，就一定可以学得好。调节好自己的情绪，做好准备，愉快地升上初中。
三、转化压力，变为动力	1.过渡：此时此刻，你的心里可能带有对同窗和师长的不舍，也充满对中学生活的各种期待。此时此刻，你有什么最想对在座的同学和老师说的呢？ 2.孩子，请把你此刻的心愿或者祝福的话语写在彩纸上，制作成心愿卡。你可以选择不留名，也可以在上面写上自己的名字。等会我们会一起做一个游戏，传递我们的"毕业微心愿"。 3.老师：有一首歌词这样写道：别了依然相信，以后有缘再聚。未曾重遇以前，要珍惜爱自己。同学们，让我们在音乐中将我们"毕业微心愿"传递到有缘人手中，让我们相约在升中学后的第一个"教师节"结伴回到母校看望我们敬爱的校长，亲爱的老师，再重聚一起聊聊中学的点点滴滴吧。	1.学生轮流谈自己的想法。 2.学生写心愿卡。	升华情感，确立目标，让学生学会转化压力，变为动力，解决日后遇到的困难。

续 表

教学环节	教师活动预设	学生活动预设	设计意图
	4.播放歌曲《Today》 "毕业微心愿"承载的是你对同学、师长们的美好祝愿，更是对自己即将到来的中学生活的美好期盼。虽然我们就要分别，但无论你去到哪，我们都会真诚地祝福大家——（板书）明天会更好。 5.牵手齐唱：《Today》 6.祝福：今天，我们为相聚在普育小学感到骄傲，但愿明天，让母校为你们而骄傲。	3.在音乐中开始传递"毕业微心愿"。 4.带着愉快的心情高声齐唱。	相互祝福，期盼重聚，再次激发学生对母校对师长的感激之情。

七、板书设计

升中之前

（贴微心愿）

舒缓压力　　明天会更好

附件1：

成长辅导课前学生问卷

班级：　　　　　性别：

1. 你是否感到有压力？是（　　）否（　　）

2. 你的压力主要来自：

家长（　　）　　老师（　　）

自己（　　）　　其他人（　　）

3. 现时你对毕业升中感到最困惑的是（　　）

A. 担心成绩不理想；

B. 担心去不了理想的中学；

C. 担心适应不了中学的生活；

D. 不想与现时的朋友分开；

E. 其他：_____

《升中学之前》小组采访工作纸

组名：（　　　　　　　　）

1. 我们采访的嘉宾是：（　　　）

A.语文廖老师；　　　　　B.教导处魏主任；　　　C.赖校长；

D.心理辅导胡老师；　　　E.心理辅导吴老师；　　F.中学王老师

2. 我们最关心的问题是：_____

3. 通过采访，我们的收获是：_____

_____

_____

4. 小组自我评价：☆ ☆ ☆ ☆ ☆

八、教学后记

2017年11月，我走进了番禺南阳里小学进行"百千万工程名教师培训"跟岗学习。之前我分别在海珠区培红小学、海珠区工业大道中小学以及梅州市普育小学开展了类似的毕业辅导课程。这次在南阳里小学异地教学尝试开展这节研讨课，也正好验证毕业辅导课的普遍适用性。

1. 开发辅导活动课程，助力学生成长。

让孩子有健全的人格，健康快乐地成长，是每个家长和教育工作者的共同心愿。2004年，我当时所在的培红小学正式确立了"运用团体心理辅导，提升学生自尊感"的校本课题研究。该课题以提高学生自尊感为切入口，运用团体辅导的理论和形式，全面培养与发展学生的健康人格。通过团体成员的互动，促使个体在人际交往中认识自我、探讨自我、接纳自我，调整改善与他人的关系，学习新的态度与行为方式，增进适应能力，以预防或解决问题并激发个体潜能的助人过程。

毕业班的孩子面临小学毕业升中这一人生转折点，压力相对而言会较大。为了培养学生的健康心理，舒缓压力，增加自信，学校分阶段、有系统地在全校利用班会课、品德课开展学生团体心理辅导活动。经过辅导活动后，学生在自尊心、自信心等各方面都有了明显的增强。

虽然后来离开培红小学，但学到的团体辅导技术却一直没有丢下。后到不同的学校，我仍保持习惯在毕业班开展相关的毕业辅导。不同的是要抓住不同环境、不同时期、不同学生所面对的最大压力或困惑来深化解决，而非泛泛而谈。例如，这班学生压力最大来源是家长，就要抓出一个具体问题或现象，告知学生如何解决这方面的压力。只有这样举一反三，才能真正解决学生心理上的问题。

除了毕业班辅导外，我也尝试开发幼升小适应性辅导、高年级青春期辅导、感恩亲子辅导活动等，将团体辅导技术融入品德课和心理健康教育课堂中，让学生健康、快乐成长。

2.有效利用家长及社区资源，打造实效课堂。

学校的德育工作少不了社区和家长的配合和支持，品德课堂同样如此。我们常常会寻求家长的帮忙，如做家长调查问卷了解学生各种情况、收集学生各类生活照片、了解家长教育故事等，有了这些课前资源，品德课会更贴近学生生活。

这次的毕业辅导活动，主角是毕业班学生，其次是受邀到课堂支招的老师和家长。为了让学生更好地了解中学的各方面情况，明白家长的爱护之情，更好地减轻心理压力，运用到社会资源是必不可少的。每次做学生成长回顾相册，所花心思和时间都不少。从家长、历任班主任处收集到照片后，还要配上简单文字说明，方便学生回顾事件，激发学生情感。这些工作都少不了家长和科任老师们的支持。

类似的辅导课程，我会邀请班主任、本校主管行政和学生家长代表参加，如果情况允许，我还会邀请往届毕业生、社区社工或者附近中学负责招生的行政到校接受采访。他们的话会比我一家之言更让学生信服，有针对性地解决学生心中疑惑，使学生更有信心面对眼前的挑战。学校资源和社区资源的整合和有效利用，会极大地提升活动效果，让我们的课堂更有趣味、更富情感、更具实效！

（本课例为广州市第二批"百千万人才培养工程"项目，赴梅州市梅江区普育小学、番禺南阳路小学送教。）

《远离毒品，珍爱生命》教学设计

一、教材分析

《远离毒品，珍爱生命》是中小学生毒品预防专题教育大纲小学部分第二课时的内容。教学活动建议以引入案例的形式，让学生找出吸毒给个人及家庭带来的变化和痛苦。通过相关活动，让学生了解毒品的危害，从而唤起青少年关注自身健康，珍爱生命即远离毒品的情感，构筑拒绝诱惑的心理防线。

在本大纲第一课时和其他科目之前的学习中，学生已经接触过有关内容的学习，所以本课的教学不必过多重复知识性的传授，而着重指导学生感受毒品对个人及家庭的危害。广州是经济发达地区，禁毒教育尤为重要。为此在教学时让学生认识到毒品对家庭和社会的危害也显得尤为必要。虽然教育大纲将教学内容划分为四个独立的课时，但在认识毒品危害之余，要拒绝毒品，就必须能辨析社会上引诱吸毒的陷阱，所以在本课时教学中有意增加了该部分的内容。

二、学情分析

本次教学对象是五年级的学生，在过往的《品德与社会》课学习中，"珍爱生命"已是学生熟悉的一个话题，但毒品的话题与学生有一定的距离，学生平时接触不多。虽然知道毒品有害，但毒品对家庭和社会祸害之大，却是五年级学生很难想象的。通过课前调查得知大多数学生对毒品的种类的基本知识及它们对人体健康的危害有一定了解，还对各种禁毒的社会宣传资料标语并不感到陌生。但由于缺乏深入体会，心灵未有所触动，大多数学生只停留在感知认识的表层阶段，未能筑起拒绝毒品的坚实心理防线。因此，我们认为很有必要通过本课的活动，从强化学生感受毒品对健康、家庭及社会的危害，深入拒绝毒品，抵御诱惑，坚定意志，由此激起学生抵制毒品的行为，并自愿为"远离毒品，珍爱生命"作宣传。

三、教学目标

1. 巩固认识毒品的种类，了解吸毒对人体健康、家庭及社会的危害性。
2. 明辨引诱吸毒的陷阱，树立珍惜生命，抵制毒品的观念。
3. 能拒绝诱惑，远离毒品，并能积极向身边人宣传禁毒的正确信息。

四、教学重难点

重点：感受毒品对个人健康、家庭及社会的危害，树立珍惜生命，抵制毒品的观念。

难点：了解毒品对个人健康、家庭及社会所造成的危害；能积极向身边人宣传禁毒的正确信息。

五、教学策略

在本教案中，始终以体验性活动贯穿整个教学，设计了"毒品大揭底""我是分析师""缉毒总动员"三大活动，让学生在亲身体验中真实感受毒品给人的健康、家庭幸福及社会安定所带来的危害，明辨引诱吸毒的陷阱。教学过程由表及里，达到由心理变化转化为自觉抵制的自然过程。让学生从教育对象转变为教育者，使教育效果更有实效。

在课后延伸"我是禁毒志愿者"的活动中，希望学生能通过情感升华转化到行动中去，在国际禁毒日到来前开展小志愿者宣传活动，向身边人做出宣传，传达禁毒的正确信息。

六、教学过程

表3–14

教学环节	教师活动预设	学生活动预设	设计意图
一、对比生活话毒害	1.拥有健康、生活幸福是人类的一个永恒心愿。看，我们都拥有着家人的关爱，生活幸福美满。（出示学生最喜爱的家庭照） 2.但是，你可曾知道，有一群孩子却生活在黑暗之下，他们的生活境况是多么的凄惨啊！（出示新闻图片）	1.观看两组对比强烈的照片。（学生提供的家庭照及受毒害影响的小童照片）	通过图片创设情景，激发学生关注健康，珍惜生命的情感。提出话

教学环节	教师活动预设	学生活动预设	设计意图
	3.引出话题：为什么他们的境况如此之凄凉？是啊，正是毒品，让原本应该生活在阳光下的花朵过早地凋谢，生活凄惨。毒品已是当今社会最大的公害，它严重地威胁着人类。（板书：毒品害人影响一生）	2.学生思考交流，关注毒品的话题。	题，让学生审视社会上的毒害行为。
二、认清毒品的危害	（一）认清毒品对身体的危害 1.毒品是让人掉进犯罪、死亡深渊的恶魔。（播放罂粟花图片）这美艳的鸦片，使中国人背上"东亚病夫"的恶名，两次鸦片战争就是因它而起。 2.回顾你们所了解的毒品的种类有哪些？ 3.活动"毒品大揭底"：小组竞赛，任意转动轮盘，指停其中一种毒品，说出其对身体所造成的危害。（附件1） 小结：不要轻视小小一粒毒品，它居然对人的身体及精神造成如此严重的损害。（板书：损害身体）	1.学生回顾所学有关毒品分类的知识。 2.进行小组竞赛，说出毒品对身体的危害。	巩固认识毒品种类及危害，奠定知识基础。
	（二）认清毒品对家庭、社会的危害 1.活动"我是分析师"：毒品除了危害身体健康外，它还有什么危害？你能从以下的真实案例中看清楚毒品的险恶吗？ 案例1：播放视频《毒害》 案例2：阅读新闻《"双抢"分子近九成吸毒》（附件2） 2.过渡：同学们，眼前展现的妻子泣血的哭诉和让人震惊的新闻数字，是否让你看清了毒魔的真实面目了？ 3.总结：毒品，它不但摧毁人的精神，损害身体健康，还摧毁了一个原本美满的家庭，使家不成家；吸毒者在自我毁灭的同时，更会扰乱了社会治安，给社会安定带来巨大威胁。（板书：摧毁家庭、扰乱社会）	3.观看视频和阅读新闻。 4.小组合作分析毒品的危害性，并作全班交流。	通过真实案例刺激学生，让学生通过自主的分析，清醒地认识到毒品的恶毒面目，从而产生自觉抵制毒品的情感。
三、明辨陷阱我能行	1.明知毒品害人，但为什么每年还会有那么多人走上吸毒的绝路呢？这的确发人深思，请你在小组内交流一下你的想法。	1.小组内探讨毒害为祸人间的原因，除了主动尝试，还	

191

续 表

教学环节	教师活动预设	学生活动预设	设计意图
	2.小结：毒品害人，不仅因为你一旦陷入毒害中往往难以脱身，更因为它披着华丽的外衣，容易迷惑人心。我们必须时刻警惕，擦亮眼睛明辨陷阱。 3.活动"缉毒总动员"：请小组的代表出来打破一个罂粟花模型，找出内藏的纸条，共同发现其中所列的情景中存在什么陷阱。（附件3） 4.过渡：毒魔是可怕的，珍爱我们的生命，就得时刻擦亮双眼，警惕身边隐藏的陷阱，坚定拒绝毒魔的诱惑。	有可能是被动吸毒的。 2.学生分析情景，擦亮双眼发现其中的陷阱。小组作汇报。	以活动让学生明白隐藏身边的毒祸陷阱，以免误交损友，不慎误入毒海，被动吸毒。
四、课后延伸续宣传	1.活动"我是禁毒志愿者"：在6·25世界禁毒日来临之际，我们要在此成立"禁毒志愿者宣传队"，在学校、家庭和社区开展宣传活动，向大家宣传毒品的危害，呼吁身边人都能珍爱生命，远离毒品！让所有人都清楚地知道：远离毒害幸福人生！（板书） 2.请同学们在禁毒横幅上庄严地签上你的名字，这标志着你正式成为"禁毒志愿者"。	1.学生分小组在课后落实宣传活动，争取大队部"雏鹰活动奖章"。 2.宣誓签名。	结合少先队雏鹰争章活动，让学生从被教育对象变为教育者，加深学生对活动的兴趣和参与度，把行动延伸到课外。

七、板书设计

远离毒品，珍爱生命

损害身体

毒品害人，影响一生 — 摧毁家庭

扰乱社会

远离毒害，幸福人生

附1：

常见毒品种类及其危害性

1. 鸦片：俗称大烟，是罂粟果实中流出的乳液经干燥凝结而成。因产地不同而呈黑色或褐色，味苦。吸食时有一种强烈的香甜气味。吸食者初吸时会感到头晕目眩、恶心或头痛，多次吸食就会上瘾。

2. 吗啡（Morphine）：为无色或白色结晶粉末状，具有镇痛、催眠、止咳、止泻等作用，吸食后会产生欣快感，比鸦片容易成瘾。长期使用会引起精神失常、谵妄和幻想，过量使用会导致呼吸衰竭而死亡。

3. 海洛因（Herion）：俗称白粉，医学上曾广泛用于麻醉镇痛，但成瘾快，极难戒断。长期使用会破坏人的免疫功能，并导致心、肝、肾等主要脏器的损害。注射吸食还能传播艾滋病等疾病。

4. 大麻：对中枢神经系统有抑制、麻醉作用，吸食后产生欣快感，有时会出现幻觉和妄想，长期吸食会引起精神障碍、思维迟钝，并破坏人体的免疫系统。

5. 冰毒：外观为纯白结晶体。对人体中枢神经系统具有极强的刺激作用，且毒性强烈。冰毒的精神依赖性很强，吸食后会产生强烈的生理兴奋，大量消耗人的体力和降低免疫功能，严重损害心脏、大脑组织甚至导致死亡。还会造成精神障碍，表现出妄想、好斗、错觉，从而引发暴力行为。

6. 摇头丸：具有兴奋和致幻双重作用，滥用后可出现长时间随音乐剧烈摆动头部的现象，故称为摇头丸。服用后会产生中枢神经强烈兴奋，在幻觉作用下常常引发集体淫乱、自残与攻击行为，并可诱发精神分裂症及急性心脑疾病，精神依赖性强。

7. K粉：即"氯胺酮"，白色结晶粉末，无臭，易溶于水，通常在娱乐场所滥用。服用后遇快节奏音乐便会强烈扭动，会导致神经中毒反应、精神分裂症状，出现幻听、幻觉、幻视等，对记忆和思维能力造成严重的损害。

8. 咖啡因：大剂量长期使用会对人体造成损害，引起惊厥、心律失常，并可加重或诱发消化性肠道溃疡，甚至导致吸食者下一代智能低下、肢体畸形，同时具有成瘾性。

附2：

"双抢"分子近九成吸毒

新快报讯 （记者 廖颖谊 实习生 阮夏 通讯员 穗仁宣）

近九成的"双抢"分子都是成瘾的吸毒者！昨日，全国人大内司委执法检查组前往白云区了解重点整治三元里地区毒品问题时，市人大常委会副主任郑国强透露了上述消息。

据白云区副区长曾建伟介绍，目前全区有吸毒人员4000多名，2003年前8个月收治的吸毒人员672名，其中复吸者高达304名。对吸毒者来说，每月毒资支出不低于1万元，致使很多吸毒者因为没有钱吸毒而走上了犯罪道路。据不完全统计，进行"双抢"的犯罪分子87%都是吸毒者，其中更不乏暴力犯罪者。

图3-11

附3：

缉毒总动员

请小组的代表打破一个罂粟花模型，找出内藏的纸条，共同发现其中所列的情景中存在什么陷阱。

陷阱1：期末考试将至，复习的压力之大让小钱很头疼。他表哥的一个朋友潘某多次向他吹嘘吸食"营养品"的好处——令人振奋，头脑清醒，怂恿他试一试。

陷阱2：某男子多次在游戏机室宣扬吸食"烟仔"能治病、会产生"飘"的非凡体验，并当场示范吸食的方法，致使在场的斌仔等产生吸食的欲望。

陷阱3：读小学的文仔有不少初中的死党，一起出来玩的时候常见他们躲在隐蔽的角落里抽烟，仔细一看，发现他们的抽法很奇特，很酷。在好奇之下，文仔凑了上去。

（本录像课例入选广州市品德教材网"教育e时代"作为参考课例。）

体验活动，让禁毒教育更真实

——《远离毒品，珍爱生命》体验活动设计说课

今天，我说课的题目是体验活动，让禁毒教育更真实——《远离毒品，珍爱生命》一课中的体验活动设计。《远离毒品，珍爱生命》是中小学生毒品预防专题教育大纲小学部分第二课时的内容。

教学活动建议以引入案例的形式，并通过相关活动，让学生了解毒品的危害，从而唤起他们关注自身健康，珍爱生命，远离毒品的情感，构筑拒绝诱惑的心理防线。

在本大纲第一课时和品德学科之前的学习中，学生已经知道毒品对人体健康有危害。但毒品的话题与学生有一定的距离，学生平时接触不多。虽然知道毒品有害，但毒品对家庭和社会祸害之大，却是五年级学生难以想象的。这种认识只是停留在知识层面上而已。 如何让学生对毒品的危害有更深入的认识，认识到毒品不但对于个人，还会对家庭及社会都有严重的危害，是本课的教学关键。

著名认知心理学家皮亚杰在他的认知图式理论中指出：个体对世界的知觉、理解和思考，都会使其形成一种认知图式。而这种新的认知图式往往是从旧有的认知图式中发展而来。也就是说：人的认知发展是通过已有的知识经验在具体的实践体验当中整合新的知识经验形成新知。

由此，我确立了教学目标如下。重点在于引导学生在已有经验的基础上深入了解吸毒对家庭及社会的危害性，树立珍惜生命，抵制毒品的观念；难点是在认知后能积极向身边人宣传禁毒的正确信息。

基于教材与学生的实际，在教学中，我主要采取了体验式教学的策略。体验式活动教学讲求在教师的指导下，让学生联系自己的生活，通过学生的亲身性活动，凭借自己的情感，直观地感受、体会、领悟，去再认识、再发现、再创造。

在课堂上要让学生有体验，在体验中学习，在体验中成长。在本教案中，始终以体验性活动贯穿整个教学，设计了"毒品大揭底"—"我是分析师"—"缉毒总动员"—"禁毒志愿者"四大体验活动，让学生在亲身体验中真实感受毒品给人体健康、家庭幸福及社会安定所带来的危害，明辨引诱吸毒的陷阱。教学过程由表及里，达到由心理变化转化为自觉抵制的自然过程，使教育效果更有实效。

以下对四大体验性活动作简单说明。

活动一：毒品大揭底。

学生在第一课时已经了解常见的几种传统毒品与新型毒品的种类和危害了。本活动是小组竞赛游戏的形式，让学生任意转动轮盘，指停其中一种毒品名称时，就要立即说出此毒品对人们身体所造成的危害。小学生天生好奇，以游戏活动热身，孩子们表现得跃跃欲试，借机回顾复习，让孩子像侦探一样揭露毒品的丑陋面目。

活动二：我是分析师。

巩固认识到毒品对人体的危害后，紧接着在第二环节的教学活动中，教师提供了两个真实的案例。请看视频《毒害》和新闻稿《"双抢"分子近九成吸毒》，这里以一名毒友泣血的哭诉和让人震惊的新闻数字，让学生看清了毒魔的真实面目。真实的画面和具体的数字刺激着孩子的视觉感官，直接震动了孩子的心灵。通过"七嘴八舌"的交流，每个孩子都当起了分析师，每个人都看清了毒品对家庭和睦以及对社会安定的危害。活动后教师总结道：毒品，它不但摧毁人的精神，损害身体健康，还摧毁了一个个原本美满的家庭，使家不成家；吸毒者在自我毁灭的同时，更会扰乱了社会治安，给社会安定带来了巨大威胁。此时"毒祸害人"的观念已深深烙印在孩子们的心灵里。

活动三：缉毒总动员。

通过"我是分析师"的活动，学生们知道毒品害人。既然连小孩子都知道的道理，但为什么每年还会有那么多人走上吸毒的绝路呢？毒品害人，不仅因为一旦陷入毒害中往往难以脱身，更因为它披着华丽的外衣，容易迷惑人心。所以我们必须时刻警惕，擦亮眼睛明辨陷阱。为此教师设计了活动"缉毒总动员"：请小组的代表出来打破一个罂粟花模型，找出内藏的纸条，共同发现其中所列的情景中存在着什么陷阱。这三个情景都是最贴近小学生的真实案例的缩影，类似的陷阱真实存在学生的身边，我们必须让孩子认清提防。从让孩子亲手打破罂粟花模型，就如撕破毒品的华丽外衣；到全组总动员明辨是非，让学生明白隐藏身边的毒祸陷阱，以免误交损友，被动吸毒。难怪有个平时很低调的男生，在活动后会讲到如此的感慨：酒肉朋友绝对不是兄弟，真正的朋友是绝对不会让你试毒的！

活动四：禁毒志愿者。

若课堂上的禁毒教育是一时之效，那课外的延伸活动更能巩固教育的实效。为更好地巩固禁毒教育的效果，一定要让课堂教育拓展到课外，于是有了社区活动"禁毒志愿者"。学生分小组在课后落实宣传活动，在6·25世界禁毒日来临之际，在学校、家庭和社区开展小组宣传活动，以此争取少先队大队部的"雏鹰活动奖章"。学生们各出奇谋向身边人宣传毒品的危害，让所有人都清楚地知道：远离毒害，幸福人生！活动后让同学们在禁毒横幅上庄严地签上名字，这不但是对自己的人生负责，更是担负起校外宣传的责任，使学生从被动的受教者变为主动的教育者。

本课的教学，我依据皮亚杰的认知图式理论，力图为学生搭建旧知识与新知识的桥梁，不断将各种信息纳入学生原有的认知框架中。通过体验活动使学生对毒品害人的认知逐步提升到危害家庭、危害社会的层面上，从而自觉践行拒绝毒品，对宣传禁毒的情感也随之增强！通过游戏竞赛，巩固了学生对毒害的认识；解构案例，加深了学生对毒害的体悟；巧设场景，促进了学生明辨毒祸的能力；课外宣传，让学生从被动的受教者变为主动的教育者。课堂上创设多种形式的体验活动，让禁毒教育更贴近学生更显真实。体验活动，使禁毒教育不再苍白，使课堂更显生命活力！

（本说课获得广州市禁毒说课比赛二等奖。）

德法相融，立德树人

——开展中小学禁毒教育教学反思

"灋"，你可知道这是个什么字？这是古代的"法"字。这个字，别有意味。看，这个"去"，是指铲除邪恶，"水"则指法平如水，象征执法公平。而"廌"是上古神兽，常惩治奸邪，保护好人。一个"法"字既蕴含了善恶之明辨，又追溯了中华法律文化之根源。

正如习近平总书记所言："实现中国梦必须走中国道路，必须弘扬中国精神，必须凝聚中国力量。"法治中国是实现中国梦的基本保障。德与法向来相辅相成，不能分割。法安天下，德润人心。道德教育和法治教育在当今社会，被赋予了新的时代精神。作为新时代的思想政治课教师，我所追求的思政课堂是德法相融，立德树人。

一、情理交融，德法共生

情感是道德行为的精神支柱和力量源泉。我追求的思政课堂从"情"入手，以"情"为线，让情理交融，德法共生。记得一次在教学《毒品更危险》一课的时候，我做学情分析时想到五年级的学生对毒品及其危害并不熟悉，怎样让他们在我的课堂上切身体会到毒品的危害呢？这时，我突然想起一个同事曾讲过他身边就有吸毒的人。何不请她来到我的课堂，现场讲述她与吸毒者的故事呢？讲故事的时候，孩子们静静地听着她所描述的那触目惊心的一幕幕，有的孩子陷入了沉思，有的孩子为之震惊，更有的孩子眼睛闪着泪光……一个孩子在谈感受的时候说道：我知道毒品是有害的，但我不知道毒品会让人家破人亡，甚至失去了宝贵的生命！我赶紧趁热打铁，借助鸦片战争等历史片段让孩子们深刻认识毒品给国家、民族带来的灭顶之灾，激发了他们的情感共鸣。这时，我相机出示了国家对禁毒的一系列法律法规，让孩子们更加坚定了禁毒的决心。就这样，让"情理"在"法理"中自然流淌，拒绝毒品的种子也悄无声息地播在了学生的心中。情理交融，德法共生，这不正是思政课堂的本真吗？

二、链接生活，激活体验

鲁洁教授指出：教学要开通课堂走向课外生活的导行渠道。那么，我为何不立足教材，充分利用社区资源，内化孩子们的情感体验呢？于是，我在课后带领孩子们走进了街道的禁毒教育馆。在禁毒馆里，他们进一步了解了禁毒法的起源，亲眼看到了毒品的样子，亲身体验了吸毒对身体的危害。学生深刻意识到，毒品是危害人类健康、家庭幸福和社会安定的大敌。

从小课堂到大社会，一系列课后社会实践活动，开启了儿童成长通道，涵养道德生活，让我们听到了孩子内心道德与法治核心素养拔节的声音。

德法相融，立德树人——这就是我追求的思政课堂。习近平总书记强调，青少年正处于"拔节孕穗期"，最需要精心引导和栽培。思政课承担着立德树人的根本任务。作为新时代的思政教师，需要有情怀。这种情怀源自于不忘初心的坚守，源自于对真的敬仰，对善的膜拜，对美的追求。我将不忘初心，踏梦前行，努力追求有灵魂、有德性、有文化、有温度的思政课堂，润泽学生成长。

让"奥运精神"走进校园

——2024学年秋季开学思政第一课演讲稿

尊敬的老师们、亲爱的同学们：

大家上午好！金秋送爽，硕果盈枝，我们满怀激情与希望，共同迎来了新的学期。暑假期间，我们还共同见证了2024年巴黎奥运会的辉煌时刻。那些激动人心的瞬间，如同璀璨星辰，点亮了我们心中的梦想与希望。

今天，我们齐聚一堂，不仅是为了庆祝新学期的启航，更是要从奥运健儿们的拼搏精神中汲取奋进的力量，希望我们在求知与成长的道路上勇攀高峰，砥砺前行。在此，陈校长想送给大家四颗神奇的种子。让晓园师生一起携手，播种梦想，逐梦前行。

一、播撒一颗名为"坚持梦想"的种子

"少年负壮气，奋烈自有时。"当奥运首金被我国"神枪手组合"黄雨婷、盛李豪高高举起，激昂的国歌响彻巴黎云霄。他们在世界舞台上大放异彩，成了无数人心中的骄傲与榜样。黄雨婷和盛李豪都是十多岁的年纪，比中小学生大不了多少。但他们凭借着对梦想的执着追求和对目标超乎常人的专注，日复一日地刻苦训练，最终站上了世界最高的领奖台。

同学们，让我们以他们为榜样，以梦想为翼，学期之初就订立好自己的学习目标，以信念为帆，坚持不懈地朝着目标驶去。

二、播撒一颗名为"勇于挑战"的种子

"勇者无惧，攀登者永不止步。"在奥运乒乓球赛场上，广州选手樊振东以无畏的勇气和卓越的技艺，挑战着自我与极限的边界。年纪轻轻的他用汗水浇灌

出了坚韧不拔的意志之花，赢得了大满贯的荣耀。他的每一次突破，都是对"勇于挑战"精神最生动的诠释。

让我们以樊振东为灯塔，在心中播撒下名为"勇于挑战"的种子。正如樊振东在赛场上不断超越自我，我们也要勇于面对学习和生活的挑战，将挑战视为成长的阶梯，一步步去攀登学习道路上的一座又一座高峰。

三、播撒一颗名为"携手共进"的种子

"并肩作战，共赴辉煌。"当跳水池边传来全红婵与陈芋汐的名字，两位少女以完美姿态破水而入。她们信任彼此，配合默契，稳稳地将金牌揽入怀中。全红婵与陈芋汐，凭借完美的配合和精湛的技艺，在世界的瞩目下焕发出夺目光芒。

让我们将全红婵和陈芋汐当作榜样，在心中播下一颗名为"携手共进"的种子。这颗种子蕴含着团结与协作的力量，它鼓励我们在追梦的路上，不仅要勇敢前行，更要学会与他人合作。请和你身边的同学握握手或击个掌，你们将会是彼此最好的伙伴，一同并肩作战，共同面对挑战。

四、播撒一颗名为"但求无愧"的种子

"不求名扬四海，但求无愧于心。"在巴黎奥运会女子排球赛上，中国女排迎战土耳其队。中国女排最终以2∶3不敌对手，无缘本届奥运会四强。比赛结束后，多名球员泪洒赛场。但令人感动的是，现场的中国球迷始终没有停下助威声。他们挥舞着五星红旗，反复高喊"中国女排加油，中国女排不哭。我们爱你。"

同学们，在生活中我们也会遇到各种各样的比赛和挑战。记住，胜败乃兵家常事，谁也不可能是常胜将军。没有夺冠，抑或没拿名次，都不要过于苛责自己。只要我们全力以赴、问心无愧地努力过，那无论结果如何，我们都可以自豪地说："我无愧于自己！"

在这个充满希望的新学期里，让我们共同播撒这四颗珍贵的种子：坚持梦想、勇于挑战、携手共进、但求无愧，让它们在我们每个人的心中生根发芽。愿每一位晓园学子以时间为纸，以汗水为墨，共同书写下属于自己的辉煌篇章；让我们晓园师生一同携手，向着更高、更快、更强的目标迈进；让"奥运精神"成为我们"和美"晓园前进路上的灯塔，照亮我们前行的方向！

志趣相投

——工作室活动篇

2022年底，广州市陈敏清名教师工作室挂牌成立，一班立志于思政教育的、志趣相投的伙伴们为此聚在一起了。工作室成立伊始，对于如何建设好名师工作室，让其发挥好示范引领作用；如何兼顾好行政管理和开展工作室活动等，我们充满了困惑。为此，我们多次走访市区内各个名校长、名教师、名班主任工作室，和各位专家名师面对面交流；也关注了多个省外名师工作室的公众号，向名师学者借鉴学习。

正所谓"他山之石，可以攻玉"。借鉴他人的智慧于工作室建设之上，从不会到会，从会到好，相信一步一脚印，我们总能走好思政教育之路。感恩郑爱华教研员的一路引领，感谢海珠思政教师团队的一路相伴，感谢我的工作室伙伴们一路鼓励支持！

图4-1

守正创新，构建思政课堂新态势

习近平总书记多次强调要"守正创新推动思政课建设内涵式发展"，这为思政课教师指明了方向。作为广州市名师工作室的主持人，我深感责任重大，致力于构建思政课堂新态势，发挥好思政名师工作室的示范引领作用。为此，我们在以下四个方面着力做好工作室建设。

一、提升教师素养，树立榜样力量

思政教师不仅是知识的传播者，更是学生品德的塑造者。因此，我要求工作室成员要不断提升自身修养，成为学生的榜样。同时，我们还要注重师德师风建设，以高尚的师德、深厚的情怀感染学生，引导他们树立正确的世界观、人生观和价值观。工作室中陈敏清、金晓阳和黄舒婷老师分别被评为"广州市优秀思政教师"、广州市"六要"思政课好教师，梁伴年老师评为"广州市名班主任主持人"。

二、与时俱进，创新教学方法

在新时代背景下，思政课必须与时俱进，不断创新教学方法。名师工作室不断研究、运用现代教学技术和手段，如多媒体技术、互联网等，丰富教学内容和形式，同时积极探索新的教学模式，如问题式教学、体验式教学等，激发学生的学习兴趣和主动性。通过不断创新教学方法，我们让思政课更加贴近学生的需求和现实，提高教学效果。

三、加强科研支撑，推动内涵发展

思政课的建设离不开科研的支撑。名师工作室积极开展思政课相关的科研工作，申报各级规划课题，深入研究思政课的本质规律、教学方法和评价体系等问题。通过科研工作，我们可以不断提升自己的理论水平和教学能力，为思政课的内涵式发展提供有力支撑。

四、构建评价体系，引导教师成长

为了推动思政课的内涵式发展，我们努力构建科学的评价体系。这个评价体系注重评价教师的教学质量、教学效果和师德师风等方面。通过科学的评价体系，我们引导教师不断提升自己的教学水平和师德修养，为思政课的内涵式发展提供有力保障。同时，我们还要加强对学生学习效果的评价，实现"教—学—评"一致，确保学生真正学有所获、学有所成。

构建思政课堂新态势是一项长期而艰巨的任务。作为名师工作室的一员，我们将以高度的责任感和使命感，不断探索和实践新的教学方法和模式，为思政课的内涵式发展贡献自己的力量。我们相信，在全体思政教师的共同努力下，思政课堂一定会呈现出更加生动、有趣、有效的新态势。

名师引领促成长，砥砺前行绽芬芳

——广州市陈敏清名教师工作室、郭虹霏名教师工作室 揭牌仪式暨专题讲座活动

金秋送爽，丹桂飘香。为扎实有效地推进教师的专业发展，发挥名师的示范、引领、辐射作用，2023年9月27日下午，广州市陈敏清名教师工作室联合广州市郭虹霏名教师工作室在海珠区海富小学举行了揭牌仪式。海珠区教育发展研究院小学道德与法治教研员郑爱华、越秀区育才学校夏健君书记、广东省特级教师胡芳梅老师、海珠外国语实验中学附属小学林咏梅书记、海珠区海富小学谢连伟副校长莅临现场，广州市陈敏清名教师工作室、广州市郭虹霏名教师工作室主持人及全体成员共同出席了活动（图4-2）。

图4-2

海珠区教育发展研究院小学道德与法治教研员郑爱华对工作室的建设与发展做明确的指引。郑老师希望名师工作室能充分发挥示范引领和辐射作用，一是工作室要积极开展高质量的学术研究，开发优质教育教学资源，推广教育教学成就，引领成员共同进步；二是工作室成员要珍惜学习时机，在名师的引领下，不断提升个人教学水平及科研能力。同时，郑老师为两位工作室主持人颁发了证书（图4-3）。

图4-3

两位主持人先后为工作室专家顾问、教研员及入室成员颁发了聘书（图4-4）。工作室成员将以导师为指引，以新课程改革为依托，整合优秀教育资源，学习先进的教育教学理念，不断推动工作室的建设。

图4-4

　　随后，在全场热烈的掌声中，在场专家、领导和嘉宾，一同为两个名教师工作室揭牌（图4-5）。闪亮的牌匾，将开启名教师工作室深耕教坛、丹心育人的新篇章。

图4-5

越秀区育才学校党总支部书记夏健君对工作室提出可行性建议。她希望名教师工作室要狠抓教师培养，提高名教师工作室工作质量，增强名教师工作室发展活力。通过名教师工作室平台，实现资源共享，打造一批具有良好师德修养、先进教育理念、厚实专业素养、扎实教科研能力的卓越教师队伍，形成整体推进、共同提升的教师专业成长的良性发展机制（图4-6）。

图4-6

作为两位工作室主持人"百千万名师培训工程"的导师，特邀专家胡芳梅老师作了专题讲座《从优秀走向卓越——谈谈教师专业成长》（图4-7）。胡老师以自己的从教经历，勉励老师们把握成长中的机遇和挑战，向名师学习教育教学艺术。多读书、勤实践、常反思、写总结，是名师成长的路径。要成功，必须不畏艰辛，有所付出，在工作中体会乐趣，成为一名幸福的老师。

图4-7

随后，广州市陈敏清名教师工作室主持人、海珠区凤江小学副校长陈敏清发表感言。陈校长表示工作室将会在教研员郑爱华老师和两位专家顾问的指导下积极开展课题研究，开发教学资源，并努力推广研究成果，为海珠思政前行发挥力量。她鼓励工作室成员要发扬刻苦钻研的精神，借助"名教师工作室"平台，充分展示自己的教育智慧，积极推广教育教学成果，实现教育理想（图4-8）。

图4-8

紧接着，广州市郭虹霏名教师工作室主持人、海珠区海富小学副校长郭虹霏做总结性发言（图4-9）。她表示感恩遇见人生中的导师，在她专业成长的路上给予关怀和指引，她将执行好工作室主持人的职责，加强名师工作室的示范引领作用，共同提升教师的专业成长。

图4-9

最后，书香能致远，腹有诗书气自华。为促进教师专业阅读，提升教师专业素养，广州市陈敏清工作室还特别安排了赠书仪式。读书是一个永恒的话题，专业阅读是教师专业发展的必要途径。工作室坚持以阅读引领自我精神成长，让阅读伴随教师成长，建设自我的精神家园。老师们手捧散发着墨香的书籍，脸上洋溢着动人的微笑，将以饱满的热情开启书香之旅（图4-10）。

图4-10

立德树人强师魂，携手共筑初心梦。广州市陈敏清名教师工作室和广州市郭虹霏名教师工作室在决心中起航，必将不啻微芒、造炬成阳，坚定成为教育事业前进的动力。工作室全体成员将以本次活动为契机，在学习中创新，在合作中前行，用平台点亮教育梦想，遇见光，追随光，成为光，为海珠思政教育增光添彩！

聚焦问题解决学习，提升学生核心素养

——记"小学道德与法治问题解决学习的研究与实践"成果推广活动

为真正落实立德树人的根本任务，扎实有效地提高课堂教学效果，以教研促进教师真正成长，4月8日下午，海珠区小学道德与法治学科教师、陈敏清名教师工作室成员们相聚云端，开展了海珠区"小学道德与法治问题解决学习的研究与实践"成果推广活动（图4-11）。此次活动精彩纷呈，为海珠区小学道德与法治学科教学提供了新思维、新理念。

图4-11

活动第一环节是两节课例分享。先由陈敏清名教师工作室成员、海珠区江南新村第二小学陈嘉丽老师带来了二年级《试种一粒籽》的课例展示（图4-12）。陈老师立足于"怎样才能成功种植？"的问题，通过"种子大探秘""播种有方法""照料很重要"三个环节引领学生探究问题、解决问题，从而突破本课重难点，落实核心素养。陈嘉丽老师语言生动活泼，设计巧妙，整节课将对自然的探究与学生个体的全面成长融合，让学生从亲身体验的种植实践中获得道德成长。

图4-12

紧接着，陈敏清名师工作室成员、海珠区宝玉直实验小学宁诗媚老师展示了四年级的课例《合理消费》（图4-13）。宁老师从学生的心愿卡入手，聚焦于"什么是合理要求？什么是不合理要求？"的主问题，通过"文具盲盒""购买宠物"两个关键案例引导学生多角度、多层次地思考自己的消费是否合理。两个案例从课前调查中选取，基于学生实际的困惑，非常贴近学生的生活，充分调动了学生的自主性和积极性，获得积极的反响。通过点拨和引导，学生不仅明白了什么是合理消费，更懂得要体谅父母的良苦用心。宁老师基于学生学情，以生活经验唤醒，以问题情境驱动，以思辨实践强化，引领学生践行合理消费观，过有道德的生活。

图4-13

活动第二环节是课例点评与主题讲座。海珠区道德与法治学科带头人郑爱华老师对两位授课老师给予了高度赞扬和充分肯定，她强调问题解决学习是把解决问题作为学习活动的中心，利用可视化的技术能帮助学生更好地解决问题。郑老师以"基于'问题解决学习'的小学道德与法治教学策略"为题发表了专题讲座，从"创设可视化教学情境，呈现研究问题""设计可视化任务支架，助力问题探究""共享可视化数据，深化问题解决""设计可视化板书，深化学习效果"四个方面进行了详细的阐述和富有针对性的指导，为老师们指明了方向。问题解决学习的根本目的不仅要让学习者在问题解决的过程中实现一定内容的学习，更重要的是实现学习者分析问题、解决问题能力的培养，实现知识的探索能力、创新能力的培养，在这个过程中促进学生的社会性发展和价值观的建构（图4–14）。

图4–14

教而不研则浅，研而不教则空。本次工作室教研活动让云端的所有老师都受益匪浅。尤其在"双减"的背景下，"问题解决学习"为大家积极探索"减量、提质、增效"的教学形式提供了借鉴。相信老师们会以此为契机，利用可视化的技术，不断推进问题解决学习融入道法课堂，提升学生的道德与法治学科核心素养，真正落实道德与法治课立德树人的育人目标。

深耕细研不负春，沿途花开溢芳菲

——海珠区教育发展研究院小学道德与法治学科和
广州市陈敏清名教师工作室联合教研

"千淘万漉虽辛苦，吹尽狂沙始到金。"历经半年，海珠区第十三届"明珠杯"课堂教学评比活动终于落下了帷幕。广州市陈敏清名教师工作室的两位成员，来自海珠区宝玉直实验小学的宁诗媚老师和海珠区昌岗中路小学的黄雅洁老师，获得本次"明珠杯"道德与法治学科竞赛的一等奖。

人间四月，春暖花开。2023年4月21日，海珠区教育发展研究院小学道德与法治学科和广州市陈敏清名教师工作室联合举行海珠区小学道德与法治五年级专题讲座暨第十三届"明珠杯"道德与法治学科获奖课例展示活动。海珠区小学道德与法治学科的伙伴们踏着融融春阳，共赴一场温暖的遇见（图4-15）。

图4-15

活动伊始，尊敬的区教研员郑爱华老师对本次比赛进行了总结，随后围绕单元整体设计，从"定单元主题、设计单元教学目标、设计单元教学过程、设计单元教学评价方案、设置单元课时任务"与大家进行了交流（图4-16）。

图4-16

紧接着由海珠区宝玉直实验小学宁诗媚老师、海珠区昌岗东小学李媚老师为大家带来两节优秀的课例展示。宁老师执教的是五下《我参与 我奉献》。本课以"学思践行二十大 争当美德好少年"为单元大任务，立足于学生所在的"海珠区沙园街道光大花园南社区"正在参加评选"全国学雷锋志愿服务最佳志愿服务社区"这一有利条件，为学生创设真实的情境。通过小组合作探究、情境体验，引导学生回忆亲身参与的公益活动，体会公益的价值和力量，从而懂得小小善举最终可以汇聚成浓浓大爱（图4-17）。

图4-17

　　李媚老师执教的是五下《虎门销烟》。本课通过单元情境任务"完成复兴之路人物展"，让学生从不同的途径认识民族英雄林则徐、爱国将领关天培等英雄人物，让学生感悟到每一个为国捐躯的生命背后都有着不应被遗忘的英勇故事，每一位英雄的心中都燃烧着不屈不挠的精神。通过情境模拟等活动，充分挖掘课程资源，引发学生在交流中思考，在活动中感悟，让教学更生动鲜活，让学生获得更加丰富的情感体验（图4-18）。

图4-18

　　仰高笃行，知新致远。课例展示后，市名师工作室主持人、广州市海珠区凤江小学陈敏清副校长为区内思政教师带来《基于教学评一体化的小学道德与法治情境教学探讨》的专题讲座。新课标明确指出要"创设多样化的学习情境，引导学生开展自主、合作的体验活动"，陈校长以新课标为切入点，通过"明珠杯"优秀课例辅助说明情境教学的运用原则和方法，让老师们找到了情境教学的落脚点，为下一步具体开展情境教学明确方向。整堂讲座内容充实，可谓干货满满，老师们时而凝神注视，时而疾书感想，时而俯耳交流，生怕错过那独到深刻的见解（图4-19）。

图4-19

春风添画意，奋进正当时。教学是一场修行，教研活动更是教师终身的修炼。本次研讨交流，既明确了未来小学道德与法治教研工作的重点，也为教师教研能力提升指引了方向。相信通过本次教研活动，工作室老师会进一步夯实学科素养，提高课堂效率和育人实效。愿我们共同奔赴，在思政教学这条大路上砥砺前行！

名师工作室主持人与成员活动后合影（图4-20）。

图4-20

工作室学员学习收获节选

周五下午听了两节优秀的课例和一个关于情境创设的讲座，受益匪浅。我对《义务教育课程方案和课程标准（2022年版）》提出要"增强课程实施的情境性和实践性，促进学习方式的变革"有了更进一步的认识。另外，本次讲座中提出的大单元大任务的任务驱动式教学跟我们区实施的学历案教学理念不谋而合，都强调情境创设的重要性，孩子们在情境中学习才能体现其主导地位和主动性。

——广州市天河区岑村小学 俞伶俐老师

非常感谢工作室提供这次机会，让我们学习陈校长的专题讲座和两位老师的精彩课例。两位老师用课例来说明如何在情境教学中达成教学评的一致性。评价新结构的教学范式也分为单元情境、课时情境。情境设计三原则需要契合主题、贴合生活、单元和课时的连贯性。实践情境要对接不同年龄段的学生和学习内容而创设，突出学生的主体地位。活动拓展情境能够让低年段学生积极参与。真实问题情境创设可能更适合有丰富生活经验的高年级学生应用，让学生在解决问题的过程中思维得到发展。

——广州市海珠区万松园小学 黄倩怡老师

在情境的创设中我还有一些自己的思考，符合教学目标的多维情境的创设，递进式激发学生的情感，也是情境教学策略中可以挖掘的一个方面。学生高阶思维的培养其实就是在基于真实情境下的问题解决中形成的，那么一个个具有探究意义的情境设置，以多维设计层层递进的方式展开，是能够有效引领学生在情境中不断加深自己思维的多元化，从而突破学生的思维限制性。

——广州市海珠区昌岗中路小学 黄雅洁老师

陈校长的讲座深入浅出，让我更清晰地理解新结构教学设计中情境教学的运用。比如：情境设计要契合主题，贴合生活，同时要注重"真实情境下的问题解决"，情境设计要有连贯性等。其中让我印象深刻的是，陈校长指出问题情境的创设应基于学生已有的认识，基于学生的心理需要，基于学生身边现有的资料，基于学生生活中的矛盾。设计应具有开放性、复杂性、多元性、两难性的情境问题，才能优化德育情境，提高教学的有效性。反而过于清晰、明确、具体的情境不利于学生高阶思维的发展。这为我今后在教学中如何有效地创设情境指明了方向。

——广州市海珠区培红小学 黄慧婷老师

郑老师再次强调了大单元教学是新课标实施的重点。今后的教学设计要以大单元设计作为指导思想，作为思政教师的我们应该更加注重对共性的提炼和对教材的整合。

两节"明珠杯"的获奖课例均很好地体现了大单元设计理念，两位教师都抓准了整个单元的核心部分，充分挖掘与教材吻合的材料给予学生更广阔的内容，同时，两位老师注重把学生的生活实际与学习内容紧密结合起来，充分体现出思政课的特点。

陈校长的讲座生动具体，实用性强，筛选出了许多优秀的例子让大家更清晰地理解在新课标实施下，教学设计中情境教学的运用。其中让我印象深刻的是，陈校长提到的教学评一体化的情景式教学，这也是新课标的重点内容，作为一线教师的我们也是需要在这个方面不断地学习，向新课标思想不断地靠拢。

——广州市海珠区工业大道中小学 何洁明老师

周五下午听了两节优秀的课例和一个关于情境创设的讲座，给我感受最深的莫过于大单元的设计，大情境的创设和任务驱动的教学，也就是说我们要思考围绕单元知识设计怎样的教学活动。我们可以从以下两个方面思考。

一是关于教的内容。老师充分熟悉单元知识点、学生情况，需要达成的目标后，将单元知识进行整合，有意识地形成一定的社会思想、价值观念及道德规范融进教学内容里。

二是关于教的策略。要根据本单元的大主题、大目标，明确通过这一单元的学习最终要让学生形成怎样的价值观念、价值态度及正确价值原则。

——广州市海珠区凤江小学 郑建婷老师

名师引领齐研思，凝聚智慧共成长

——海珠区教育发展研究院小学道德与法治学科、海珠区教育学会道德与法治教学研究分会、广州市名教师工作室联合教研活动

　　种树需培根，育人先铸魂。为进一步提升小学道德与法治教师的教育教学能力，促进教师专业化成长，充分发挥区集体教研和市名师工作室对青年教师成长的支撑引领作用，2023年10月12日下午，广州市海珠区教育发展研究院小学道德与法治学科协同广州市海珠区教育学会道德与法治教学研究分会，整合广州市陈敏清名教师工作室、广州市郭虹霏名教师工作室资源，在海珠区宝玉直实验小学开展主题为"名师引领齐研思，凝聚智慧共成长"联合教研活动。

一、课例展示引思考

　　活动开始，广州市陈敏清名教师工作室成员、海珠区昌岗中路小学的黄雅洁老师带来课例展示：小学《道德与法治》五年级上册第四单元第九课《改变世界的四大发明》。上课开始，黄老师先以"四大发明"的说法由来激发学生的求知欲望，继而以形式多样的小组活动，带领学生对四大发明的发展、对世界带来的影响等资料进行自主学习、共同探讨（图4-21）。在老师的引领下，学生深刻感受到了四大发明中凝聚的中华民族不断创新实践的智慧光芒，提

图4-21

升了对民族文化的自豪感！

第二节课是由广州市陈敏清名教师工作室成员，海珠区大江苑小学段雅萍老师带来的同单元第八课《古老而优美的汉字》。段老师以本届杭州亚运会开幕式的视频导入，创设了争当中华优秀传统文化宣传使者的单元情境，邀请学生在班级办一场"中华优秀传统文化之中华汉字展"，充分激发了学生的学习兴趣。继而通过小组探究汉字发展历史、竞猜"车"字不同字体、分享自己生活中的书法作品等各种形式的学习活动，让学生感受到汉字源远流长，产生民族文化认同感和民族自豪感，激发了学生用好汉字、写好汉字的决心。（图4-22）

图4-22

二、智慧碰撞齐研思

教而不研则浅，研而不教则空。两节课例展示后，上课的两位老师从设计意图、课堂目标达成度、课堂效果等方面进行了深刻反思，并提出了自己的见解和困惑。

黄雅洁老师课后反思，如图4-23所示。

图4-23

段雅萍老师课后反思，如图4-24所示。

图4-24

接着，广州市陈敏清名教师工作室和广州市郭虹霏名教师工作室的成员纷纷就自己的听课感受、课例有待提升的方向和改进策略等方面积极讨论、畅所欲言。

海珠区凤江小学梁陆萍老师发言，如图4-25所示。

图4-25

海珠区培红小学黄慧婷老师发言，如图4-26所示。

图4-26

海珠区昌岗中路小学陈华爱老师发言，如图4-27所示。

图4-27

海珠区第二实验小学叶苡秀老师发言，如图4-28所示。

图4-28

三、专家指引明方向

　　本次工作室课例研讨活动，得到一众海珠思政权威人士支持。海珠区教育学会道德与法治教学研究分会理事、海珠区昌岗中路小学麦建文副校长对课例进行了点评，提醒老师们备课时要认真解读教材，准确把握教材的目标，再围绕目标整合教学活动；建议以一个问题支点来贯穿教学过程，引导学生深入探究。

接着海珠区教育学会道德与法治教学研究分会会长、海珠区绿翠小学彭舜怡校长指出，执教教师在备课时应思索哪些材料有助于实现教学目标，哪些材料不需要用太多；同时老师们可设计核心学习任务，先扶后放，大胆放手让学生自主探究。

海珠区昌岗中路小学麦建文副校长点评，如图4-29所示。

图4-29

海珠区绿翠小学彭舜怡校长点评，如图4-30所示。

图4-30

海珠区教育发展研究院小学道德与法治学科教研员郑爱华老师则从教师个人

成长方面给予全体教师谆谆教诲，勉励思政老师要潜心教书，认真学习和领悟国家的教育方针，并融汇到日常思政课堂教学中；教师在教学实践过程中还要善于自我反思，积极发现问题和解决问题；同时老师备课要有单元意识，明确单元的核心素养目标，基于此开展设计，扎实落实立德树人的根本任务。

海珠区小学道德与法治学科教研员郑爱华老师发言，如图4-31所示。

图4-31

四、名师引领促成长

活动最后，广州市陈敏清名教师工作室主持人、海珠区凤江小学陈敏清副校长作活动总结发言。陈校长充分肯定了上课老师和备课团队的认真勤奋，积极钻研；并给工作室的全体成员们指出，在道德与法治教学中，要注意做到真情境、真任务、真体验，让学生在学习体验活动中切实提升综合能力和核心素养。最后，陈校长还给执教老师和评课的工作室成员颁发了证书，鼓励青年教师们做好个人规划，积极研思，在教学实践中不断提升自我！

广州市名教师工作室主持人陈敏清副校长寄语，如图4-32所示。

图4-32

工作室主持人颁发执教和发言证书，如图4-33所示。

图4-33

"路虽远，行则将至；事虽难，做则可成。"教育路漫漫，此次联合教研活动发挥了专家教研员指导作用、发挥了名师辐射引领作用，既有助于指导海珠区道德与法治青年教师参加比赛，又共同探讨了小学道德与法治教研与教学，促进了教师的专业成长。工作室全体成员将且行且思，协同发展，共同奔赴思政教育路上美丽星空！

穗龙携手发展，冬日思政送暖

——广州市教育研究院携手广州市陈敏清名教师工作室、漳平附小
开展"广州市思政课新结构教学评范式研究项目"
研究联盟研训活动

为推进穗龙对口合作工作，进一步做好广州市中小学（中职）思政课新结构教学评范式研究项目研究工作，促进教师专业成长，广州市教育研究院教研员黄志勇老师、广州市陈敏清名教师工作室主持人陈敏清副校长和工作室成员黄雅洁老师受漳平市教育局邀请，于2023年12月12日与漳平市教师进修学校附属小学联合开展思政课新结构教学评范式研究项目研训活动。

活动在热烈的开幕式中拉开序幕。漳平市教师进修学校附属小学陈毅人校长致欢迎辞，教育局易永柏副局长致辞，广州市教育研究院中小学思政课教研员黄志勇讲话并赠书，与会代表合影留念。

领导专家致辞，如图4-34所示。

图4-34

为青年教师赠书，如图4-35所示。

图4-35

一、课例观摩，教学相长

送教送课促交流，互思互研共提升，本次研训活动中由广州市送至漳平的两节小学道德与法治课例分别由广州市海珠区凤江小学陈敏清副校长以及海珠区昌岗中路小学黄雅洁老师执教。先进的教学理念、精巧的课堂教学设计、丰富的课堂信息资源以及互动式的教学方法，给听课的老师和学生们留下了深刻的印象。

工作室主持人陈敏清副校长执教二年级《我们不乱扔》一课。陈校长紧扣教学评活动主题，基于学情，引导学生知行合一，对公共场景中观念认知和道德品行进行科学设计，制订适合的目标（图4-36）。结合当前漳平创建第七届省级卫生城市的真实场景，注重启发学生主动思考，注重课内外联结，紧扣学生实践体验与情感建构。

图4-36

广州市海珠区昌岗中路小学道德与法治科科长、广州市海珠区道德与法治中心教研组成员黄雅洁老师执教五年级《改变世界的四大发明》。她借助平板电脑电子书包开展探究学习，通过云游中国科技博物馆的活动，为学生创设了沉浸式的学习情境，在层层深入的活动中引导学生传承中华优秀传统文化的守正创新精神，内化于心，外化于行（图4-37）。

图4-37

漳平市教师进修学校附属小学也准备了两节研讨课例。罗凤凤老师执教《中华民族一家亲》一课，设计了丰富多彩的闯关活动，学生在活动过程中了解了我国少数民族的风俗习惯、风土人情，感受到各民族之间相互尊重、守望相助、共同发展，增强了民族自豪感和民族团结意识，自觉维护民族团结（图4-38）。

蒋丽园老师执教《公民的身份从何而来》一课，重在引导学生关注公民与国籍、公民与政治权利等概念之间的逻辑关系，同时还注意坚持正确的价值取向，强化学生感受中国公民这一身份的荣誉感和责任感（图4-38）。

图4-38

二、专题讲座，精准对接

漳平附小陈毅人校长开设《聚焦核心素养发展，落实"教学评一致性"》讲座。他指出，在小学道德与法治教学中，教师应采取有效的"教—学—评一致性"策略，确保学生对学习内容、学习方法和学习目标有统一理解，从而提高教学效果，培养学生的道德品质和法治意识，落实学生的核心素养（图4-39）。

图4-39

大家期盼已久的是广州市教育研究院教研员黄志勇老师的讲座《新结构教

学评框架：理解、运用、分析、践行》。黄老师深入浅出，从探索历程、研究目的、框架释义、实践应用、实施建议五个方面，为与会教师系统阐释了新结构教学评框架理念。课堂实践促进理论思考，黄老师阐述新结构教学评框架在多门学科教学上具有的通用性和指导性。同时，详细介绍了如何开展基于新结构教学评框架的教学，并以生动翔实的案例阐释了教学实践中的真实问题，加深了老师们对"教—学—评"一致性的思考（图4-40）。

图4-40

山海不为远，携手教科研，此次穗龙两地携手开展研训活动，以课例展示和讲座为依托，为漳平的思政课提供了专业引领和有效指导。"独行快，众行远。"相信本次广州市与漳平市的联合研训活动有利于思政教师们深研理念，落地课堂，俯身耕耘，共赴成长！（图4-41）

图4-41

同声同气担使命，共谱思政新华章

——广州陈敏清名教师工作室参与走进粤东西北（清远）教研帮扶活动简讯

　　凝聚共识筑同心，倾囊相授共成长。为深入推进基础教育高质量均衡发展，2024年3月5—7日，广州市陈敏清名教师工作室积极响应广东省教育研究院"走进粤东西北（清远）教研帮扶活动"，广州市中小学思政教研员黄志勇老师携手广州市道德与法治学科的中小学骨干教师、广州市陈敏清名教师工作室成员深入清远市连山壮族瑶族自治县，开展了一系列教研帮扶活动。

　　连山县教育局党组成员、副局长朱前永和广州市中小学道德与法治学科教研员黄志勇老师，如图4-42所示。

图4-42

3月5日下午的开幕式上，连山县教育局党组成员、副局长朱前永围绕"一起拼，一起赢"的目标发表了讲话，强调了共同合作、共同努力的重要性。广州市中小学道德与法治学科教研员黄志勇老师则以"同声相应、同气相求、互相学习、共担使命"为主题发表讲话，呼吁大家相互学习共同进步。

一、说课集备展风采，思维碰撞促提升

开幕式后，小学道德与法治教研小组分别进行了说课展示和集体备课活动。连山第一小学的高浩贤老师和陈敏清名教师工作室成员、广州市宝玉直实验小学的金晓阳老师就统编版小学《道德与法治》四年级下册第二单元第二课《合理消费》进行了说课。广州市教研员黄志勇老师、清远市教研员邹锦花老师、名师工作室主持人陈敏清副校长和与会老师们进行了深入的探讨。集备活动促进了老师们的思维碰撞，激发了新的思考和灵感，使教学设计更加贴合新课标的理念，更好地服务于学生核心素养的培养。

省市专家组成员们和与会老师进行了深入的探讨，如图4-43所示。

图4-43

二、各美其美谋创新，美美与共促成长

3月6日上午，小学《道德与法治》学科的高浩贤老师和金晓阳老师采用了同课异构的方式，围绕四年级下册第二单元《合理消费》的第一课时《那些我想要的东西》呈现了两堂各具特色的研讨课。

清远市连山一小高浩贤老师执教课例，如图4-44所示。

图4-44

名师工作室成员金晓阳老师执教课例，如图4-45所示。

图4-45

　　行万里路不如高人指路。精彩的评课议课环节，黄志勇教研员和陈敏清副校长对两节课例进行了点评。通过专家点评，老师们明确了道德与法治课堂要把握学科本质，落实核心素养，体现思政教育的特点。新时代的思政教师既要落实国家统编教材在课堂中的运用，准确理解教材传达的国家意志，也要肩负起培养学生大格局和大视野的责任使命。

小学道德与法治学科黄志勇老师和陈敏清副校长进行专家点评，如图4-46所示。

图4-46

三、教研沙龙搭桥梁 专家领航助成长

3月6日下午，大家齐聚一堂，研讨现阶段在道德与法治学科教学中的一些困惑和亟待解决的问题。小学道德与法治学科的省教研帮扶专家，市、县教研员和连山道德与法治教师代表围绕"基于新课标的小学道德与法治课堂教学实施"这一主题进行研讨。针对教学现状、教学关键问题和关键环节，聚力探讨解决之道，共同促进教学质量的提升。

广州市中小学思政教研员黄志勇老师、名师工作室成员与老师们一起交流探讨，如图4-47所示。

图4-47

四、专家赋能拨云雾，深耕细研促发展

3月7日上午，由广州市教育研究院中小学思政学科教研员黄志勇老师围绕《以新结构教学评框架为指导构建高质量道德与法治课堂》主题开展了讲座。他从探索历程、研究目的、框架释义、实践应用、课例点评和实施建议六个方面阐述了如何在新课标背景下通过"新结构"模式开展课堂教学，并提供了可操作的实践案例，为教师们今后以新结构教学评框架为指导打造高质量道德与法治课堂指明了方向，理清了思路。

广州市教育研究院中小学思政学科教研员黄志勇老师专题讲座，如图4-48所示。

图4-48

　　这是一次同声同气、共研共学的盛会，旨在共同打造"教研同步、资源共享、合作共赢"的新模式。习近平总书记强调，思政课是落实立德树人根本任务的关键课程。新时代的思政课教师使命光荣、责任重大。广州思政人展示了他们的担当和责任使命，通过共同的努力和探索，为推进我省基础教育高质量均衡发展作出了积极贡献。

　　小学道德与法治教研帮扶团队及当地教研员和骨干教师合影留念，如图4-49所示。

图4-49

把论文写在广阔的课堂上

——记名师工作室开展教师论文写作专题教研活动

实践证明，教师论文写作是每位教育工作者深化学术研究的重要途径。它不仅是教师教学实践的阶段总结与反思，更是提升个人学术研究水平、推动学科发展的重要途径。为提高一线教师专业论文写作水平，2024年3月29日下午，海珠区教育学会道德与法治教学研究分会与广州市陈敏清名教师工作室联合举行"教师论文写作"专题教研活动（图4-50）。

图4-50

海珠区教育学会道德与法治教学研究分会、小学道德与法治中心教研组、小学道德与法治青年教师成长联盟、广州陈敏清名教师工作室等多个专业学术团体，以及海珠区各校道德与法治科长、任课教师代表莅临现场参加；来自全市的3700多人同步线上观看了本次《为教书育人而写作——谈教育教学论文写作》专题教研活动直播。

海珠区实验小学活动现场座无虚席，如图4-51所示。

图4-51

广州市陈敏清名教师工作室主持人陈敏清副校长主持活动，如图4-52所示。

图4-52

一、专家指点解迷津

广东教育杂志社总编室副主任、资深记者、诗词作家黄日暖主任，立足中小学教育教学论文的实际现状，结合自己教师、记者、编辑的三重身份，给教师教育教学论文写作提出了多条实用性建议具体如下（图4-53）。

图4-53

第1条建议：创意是论文的核心竞争力。

黄主任提出创意是写作最核心竞争力，尤其强调要注重组合式创新，并通过系列案例，指导教师们如何找到感兴趣或擅长的研究点，通过原创或组合创新，形成特色化创意。

第2条建议：多写教育叙事。

教育叙事是教师成长的文字脚本。多写教育叙事，适时写教育案例分析型文章，既可以浓缩教师常态化教学实践，又容易反馈经验到一线教育实践中。

第3条建议：写作靠凝练。

黄主任还建议，中小学教师的论文写作既要有实践创新，也要有自觉提炼。论文写作需要通过凝练彰显出文章的学术性，适当借助模型、图表来表达学术思考。

黄主任关于教师论文写作的建议全面、实用，为老师们的教育写作拨云见日。最后黄主任鼓励大家"先写起来，再写下去，总能写好""写作不仅仅为职称评奖而写，更为教书育人而写"。

二、互动交流寻突破

海珠区思政教师敏而好学，在聆听讲座后结合个人写作、投稿等经历踊跃提问，现场互动气氛热烈。对于老师们提问到的"该如何解读编辑的退稿信？怎样根据退稿信内容完善论文？""教育叙事到底观察学生的哪些方面是有价值的？"等问题，黄主任都做了详尽的回应。大家纷纷表示收获满满，要学以致用（图4-54）。

图4-54

三、点评总结促发展

教研活动尾声，海珠区教研院小学道德与法治教研员、海珠区教育学会道德与法治教学研究分会会长郑爱华作活动总结，她指出本次论文写作讲座切实、全面地提高了教师对论文写作的认识，同时寄语海珠思政人"要把教学论文写在广阔的课堂上"，在教育教学实践和写作中将所学理论和方法用到实处。

海珠区教研院郑爱华教研员点评总结，如图4-55所示。

图4-55

海珠区教育学会道德与法治教学研究分会理事、广州市名教师工作室主持人陈敏清副校长则代表海珠思政人表达了感谢：感谢黄日暖老师，给会学习的海珠思政人带来了论文写作的脚手架；感谢郑爱华老师，给爱学习的海珠区思政人搭建了互动交流的学习平台。

扶摇借力，桃李成荫。本次专题教研活动为教师打开了一扇通往教育教学论文写作的新窗口，也为教师们的教学实践和研究提供了宝贵的指导意见。教师专业论文写作既是一种挑战，也是一种机遇，更是一次磨炼。愿我们都能在教学、阅读、思考和写作中不断成长，始于经验，成于精研，终将惊艳！

黄日暖主任与广州市陈敏清名教师工作室成员合影留念，如图4-56所示。

图4-56

大道不孤，众行致远

——记2024年中小学骨干教师高级研修班（小学道德与法治）学员跟岗活动

2024年6月26日，艳阳高照，蝉鸣声声，广州市陈敏清名教师工作室接待了一批亲切的客人——广东第二师范学院研修学院2024年中小学骨干教师高级研修班（小学道德与法治）学员。本次高级研修班到海珠区凤江小学跟岗学习是以小学道德与法治教育教学能力提升为主要任务，促进小学道德与法治骨干教师在跟岗实践中得到专业提升（图4-57）。

图4-57

广州市陈敏清名教师工作室正在开展《基于道德与法治核心素养的红色教育单元作业设计与实施的研究》的课题研究，并取得了一定进展。近年来，名师工作室主持人所在学校——海珠区凤江小学非常重视红色教育，每学年都开展红色教育活动，红色教育已经成为凤江小学《道德与法治》学科的一张名牌。

活动伊始，工作室主持人陈敏清副校长对远道而来的客人表示热烈的欢迎，并对广州市陈敏清名教师工作室课题研究活动和凤江小学红色教育特色进行介绍，明确了本次跟岗学习的主题内容（图4-58）。

图4-58

培训第一项由名师工作室学员、海珠区凤江小学萧颖君老师以《革命传统承薪火，思政课堂育新人》为题进行说课。萧老师从教材内容、教法学法、教学过程、教学评价四个方面开展说课（图4-59）。

图4-59

第二项播放名师工作室入室成员、海珠区江南新村第一小学黄舒婷老师执教的五年级下册道德与法治《屹立在世界的东方》课例录像。该课例曾在海珠区小学道德与法治学科关于革命传统教育主题专题教研活动中进行课例展示，获得较高的评价。研修班学员们认真观看了课例录像（图4-60）。

图4-60

精彩接踵而至，培训第三项内容是由名师工作室入室成员、海珠区凤江小学道德与法治科科长郑建婷老师带来讲座《巧搭支架助力学生深度学习——以道德与法治红色单元〈百年追梦　复兴中华〉项目式学习为例》。郑老师从红色教育单元作业的设计缘起、设计思路、实施推广和成就课题等方面，将广州市陈敏清名教师工作室市规划名师专项课题《基于道德与法治核心素养的红色教育单元作业设计与实施研究》的孕育和成长之路展示在我们面前，体现了工作室成员潜心育人的情怀和专心科研的坚守（图4-61）。

图4-61

且行且思，且悟且进，培训的第四项活动是进行评课、交流。先由名师工作室学员、海珠区凤江小学梁陆萍老师展开主题为《夯实党史教育　筑牢信仰之基》的评课，然后高级研修班学员、广州市陈敏清名教师工作室成员和凤江小学道德与法治学科老师各抒己见，进行思维火花的碰撞（图4-62、图4-63）。

图4-62

精彩发言摘录

海珠区凤江小学梁陆萍：历史是最好的教科书，党史是最好的营养剂。对于如何突破红色教育难点，更好地将党史学习教育在思政课上对学生起到明智、担责、鉴今的作用，黄老师的教学给予了我们许多启发：立足核心素养，彰显铸魂育人目标；丰富学生实践体验，思辨与启发相结合；重视教学评一致性，促进学生知行合一。

茂名市七迳镇中心小学陈权：小学道德与法治课程近年来日益受到重视，其中让学生走近历史，让历史走进学生心中是道德与法治课的重要任务，道德与法治老师务必肩负起这个重任。

深圳市蛇口育才教育集团育才第二小学容玲姗：黄老师的课例中运用了许多有亮点的教学策略，比如：模拟乡村大会情景，称呼学生为"老乡""大姐"，把学生带入情境；通过反复对比，引导学生感受中国发生的变化以及为什么有这些变化，唤起学生的政治认同。

肇庆市高要区第四小学张雯汐：对于革命传统教育这个主题，很多老师上课更多重在教知识，把道德与法治课上成了历史课。今天的跟岗交流促进我反思，小学道德与法治课程要真正去挖掘素材，培养学生的核心素养。

饶平县高堂镇中心小学吴珊真：在今天的课例中，情境教学比较出彩，教师能够通过大量视频营造情景，把学生带入历史，真正体会历史。

珠海市井岸镇新堂小学邝淑敏：老师的教学语言能有效地引导学生进入情境中，增强学生的政治认同。凤江小学红色教育活动丰富，落实得扎实，大单元教学作业系统化令人印象深刻。

湛江市第二十三中学冯春燕：教师利用历史资料，把学生拉近历史，补上历史空白；巧设情境，陶冶学生爱国情操；党史简表导入能激发学生学习历史的兴趣。老师非常有智慧，随机应变，关注到每一个学生。

海珠区凤江小学李海娣：教师巧设问题，善于引导，关注学生最近发展区，促进课堂生成。学生总结中国共产党带领中国人民建立一个富强、民主、自由、平等、公正的国家，与当下社会主义核心价值观的精神内涵一致，道德与法治课程发挥了思想引领的作用。

图4-63

随后，主持人陈敏清副校长总结发言，感谢诸位老师积极精彩的分享，阐明活动交流的意义，并表达对所有老师的殷切希望与美好祝愿（图4-64）。

图4-64

活动最后，高级研修班学员在工作室成员的带领下参观校园，欣赏学生红色教育活动成果展示。他们对学生在开展红色教育活动中表现出来的学习热情和赤子之心给予了高度评价（图4-65）。

图4-65

教而有研则深，研而有悟则进。本次跟岗交流活动让工作室能借机小结了课题研究的历程和初步收获，助推了成员们开展下一阶段红色教育旅程的新激情。祝愿名师工作室成员和高级研修班学员能共同创造思政教育高质量发展的美好明天！（图4-66）

图4-66